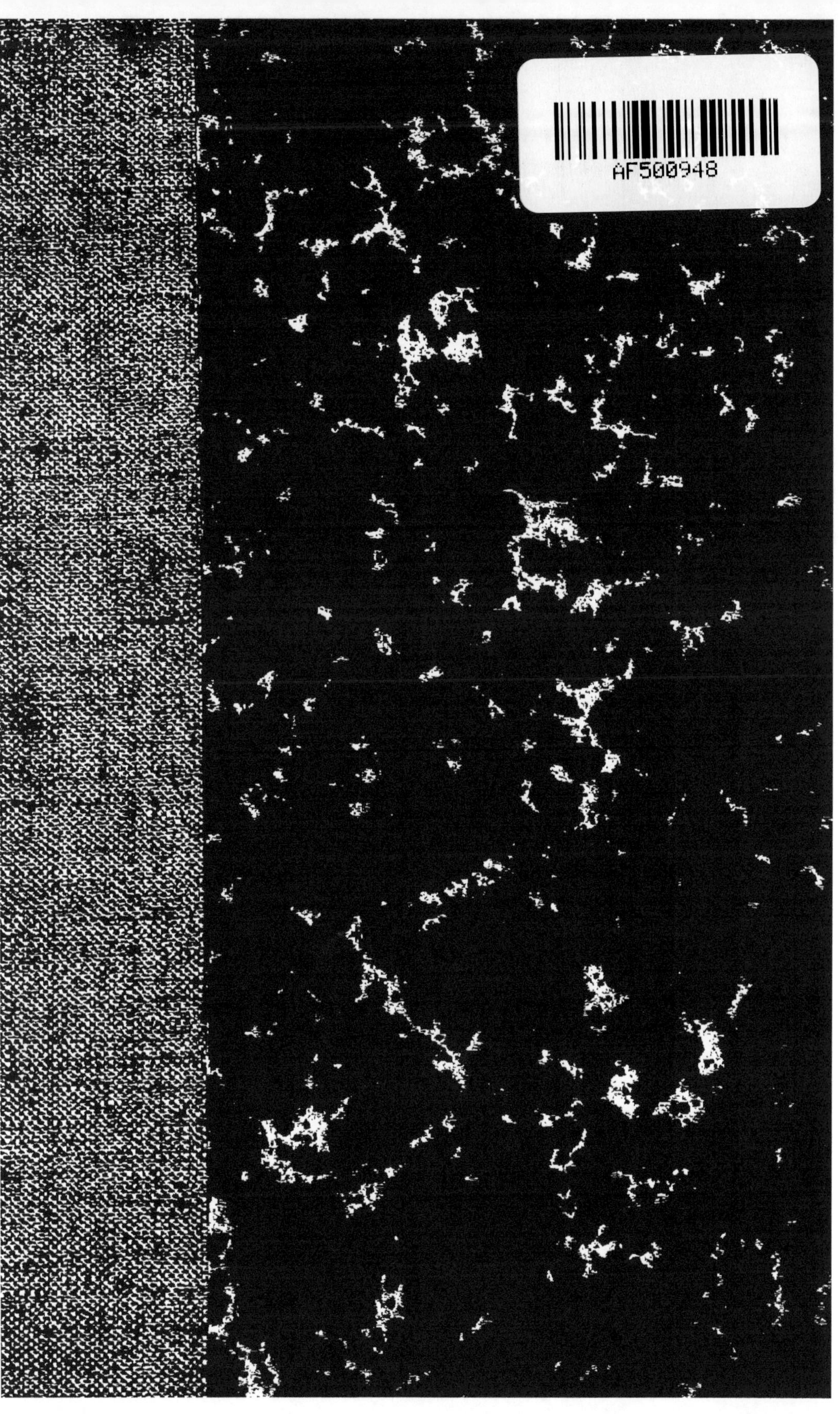
AF500948

Ancienne Camelin
16390

GENÈSE DU CULTE

DU

SACRÉ-CŒUR DE JÉSUS

par l'abbé P. BARUTEIL

DOCTEUR EN THÉOLOGIE

DE LA FACULTÉ DE L'INSTITUT CATHOLIQUE DE PARIS

SECONDE ÉDITION

PARIS

IMPRIMERIE M.-R. LEROY

185, RUE DE VANYES

GENÈSE DU CULTE

DU

SACRÉ CŒUR DE JÉSUS

M. l'abbé Baruteil

GENÈSE DU CULTE DU SACRÉ CŒUR

Sur le témoignage favorable de l'examinateur, nous permettons l'impression.

Paris, 21 juin 1904.

G. LEFEBVRE,
VIC. GEN.

Tous droits réservés.

GENESE DU CULTE

DU

SACRÉ-CŒUR DE JÉSUS

BIBLIOTHÈQUE NATIONALE R.F. IMPRIMÉS

par l'abbé P. BARUTEIL

DOCTEUR EN THÉOLOGIE

DE LA FACULTÉ DE L'INSTITUT CATHOLIQUE DE PARIS

DEUXIÈME ÉDITION

PARIS

IMPRIMERIE M. R. LEROY

185, RUE DE VANVES

INTRODUCTION

Durant sa vie mortelle, Notre-Seigneur Jésus-Christ dit au peuple juif: Quand j'aurai été élevé sur la croix, j'attirerai tout à moi [1] : il est permis de croire pieusement que de nos jours, c'est par son Sacré Cœur que Jésus veut tout attirer à lui. D'abord l'Église catholique en particulier, et puis tout le genre humain ont été consacrés à ce divin Cœur, et Jésus veut que tous les hommes, et spécialement les chrétiens, répondent de fait, par leur amour, aux droits de son amour sur leur cœur. A cette condition il établira sur la terre le règne de la grandeur morale, de la fraternité, du bonheur, en un mot : le règne de Dieu, qui est le règne de la charité, par, avec, et dans le Cœur de Jésus, notre tout-puissant Sauveur. La France qui a été et qui continue d'être dans le monde, l'apôtre de la dévotion au divin Cœur, aura une part privilégiée dans ces inestimables bienfaits.

Gagné par ces considérations, je me suis engagé à écrire un résumé sur le culte du Sacré Cœur. Mais

1. Joann., XII, 32-33.

les ouvrages sur ce noble sujet sont si nombreux, qu'il pourrait sembler téméraire et superflu, comme le disait déjà en 1893, le R. P. Terrien, dans l'introduction de son chef-d'œuvre sur cette même dévotion [1], d'entreprendre un nouvel ouvrage, après tant et de si excellents traités qui sont dans toutes les mains. Et pourtant, répondrai-je avec le même écrivain, cette entreprise, j'ose la tenter. A défaut d'autre raison, l'amour et la reconnaissance que je dois avoir pour le divin Cœur, me paraissent un motif suffisant de lui consacrer ces quelques pages. Loin de moi la prétention de dire mieux ni plus que beaucoup d'autres ; mais parce qu'on ne peut enchérir sur les louanges, est-ce une raison de se taire ? Dieu ferme-t-il son oreille aux louanges de ses plus humbles créatures parce qu'elles se mêlent aux concerts chantés à sa gloire par les plus élevées » [2].

Mon dessein dans ce livre est, autant qu'il me sera possible :

1° De signaler les causes spéciales déterminantes du culte privé explicite du Sacré Cœur, et la date de sa naissance ;

2° D'instituer un parallèle complet entre les deux premiers et principaux apôtres du Sacré Cœur, surtout de son culte public : le vénérable Jean Eudes, et la bienheureuse Marguerite-Marie ; entre leur mission ; leur conception particulière de ce culte et des moyens adoptés par chacun d'eux, ou par ceux

---

1. *La dévotion au Sacré-Cœur de Jésus*, etc. Paris, Lethielleux, 1893.

2. *Ibid.*, VI.

qui se réclamaient de leur autorité et de leur apostolat, pour son établissement; enfin, entre les résultats de leur œuvre, c'est-à-dire, l'accueil, fait par l'Église universelle à leur apostolat respectif;

3° Enfin, de déduire de ces investigations, la définition essentielle et descriptive de cette dévotion, d'après le mode particulier à chacun des deux apôtres, approuvée par Rome, selon qu'elle se dégage des actes authentiques présentés à la Congrégation des Rites sacrés, par les postulateurs de la cause du Sacré Cœur; de ceux émanés de ladite Congrégation et du Saint-Siège apostolique relatifs à ce sujet; des écrits de ces bienheureuse et vénérable élus du Sacré Cœur, et des auteurs qui, sur ces questions, jouissent d'une incontestable autorité.

Je veux m'appliquer à élucider ces points, spécialement.

D'abord, parce que trop longtemps on a confondu le culte de la charité de Notre Seigneur Jésus-Christ, considérée en elle-même, avec celui de cette charité, explicitement symbolisée dans son cœur matériel; d'où ces fausses conséquences : que le culte du Sacré-Cœur serait aussi ancien que l'Église, ou même, et cela aussi a été enseigné, qu'il remonterait au paradis terrestre, et, que le mouvement parti de Paray-le-Monial, aurait tout simplement été l'expansion, dans l'univers catholique, d'un culte qui jusque là était le partage de quelques privilégiés, mais qui avait toujours existé.

Secondement, parce que les rôles des deux premiers apôtres de ce culte public, ont été, aussi bien pour que contre, notablement exagérés.

Enfin, parce que la synthèse de la doctrine sur le culte public en question, d'après les documents authentiques, s'est en général, trop confinée jusqu'ici, dans les données recueillies à Paray-le-Monial, sans reconnaître suffisamment, l'appoint qui, dans l'œuvre du vénérable Jean Eudes, s'y adjoint légitimement.

J'aurai aussi à éliminer maintes erreurs bibliographiques qui, depuis des siècles, et par une incurie très regrettable se sont perpétuées jusqu'à nous, même dans des ouvrages justement célèbres d'ailleurs, qui en sont à leur cinquième ou sixième édition.

Le criterium dont je me servirai pour reconnaître dans les siècles passés, l'époque de l'apparition de ce culte proprement dit, n'est autre que la définition de ce même culte donné officiellement par l'Église, principalement dans le décret de la Congrégation des Rites le 26 janvier, 6 février 1765, et dans la soixante-troisième proposition condamnée dans la Bulle *Auctorem fidei* de Pie VI, du 28 août 1794, que je citerai en son temps.

Dans ces documents, l'Église désigne comme objet de ce culte, la *charité* de Notre Seigneur Jésus-Christ symbolisée dans son cœur réel ; ou, ce qui revient au même : le *cœur physique* symbolisant la charité ; ou bien encore, en d'autres termes : le cœur et la charité réunis dans l'unité d'un seul objet total et complet du culte public du Sacré Cœur.

Donc, avant que nous n'ayons rencontré, dans le passé, la réunion de ces deux éléments dans l'unité d'un seul objet, nous n'aurons pas le droit d'affirmer que ce culte ait existé.

Il convient également de remarquer, que le mot, *cœur*, est pris et doit être classé dans trois différentes acceptions. Ces acceptions, je les expliquerai préalablement, afin de pouvoir juger, quelle est celle des trois, selon laquelle il faudra interpréter les textes, où ce mot joue, ou paraît jouer, à notre point de vue, un rôle important. Ce jugement il nous sera facile de le porter, en connaissance de cause, après enquête sur le sens dans lequel ce mot était usité, selon l'époque, le lieu et les circonstances. Cette analyse nous permettra de constater que les causes déterminantes du vrai culte du Sacré-Cœur, à l'époque la plus reculée où il nous sera possible de le découvrir, n'ont pas été celles que d'abord on pourrait supposer. Ces causes en effet n'ont pas été.

1° *Le Symbolisme*, car, pas plus que, par exemple, le symbolisme de la force attribué au bras, n'a par lui seul, déterminé le culte du bras ; le symbolisme de l'amour, attribué au cœur, n'a le premier, déterminé le culte du cœur ;

2° *La blessure du divin côté* ouvert par la lance ; car, le culte de la plaie du côté du Sauveur, comme celui de ses mains et de ses pieds divins, existe depuis le drame du calvaire : celui du Sacré-Cœur n'a vu le jour que plusieurs siècles plus tard. Néanmoins, il faut reconnaître que le côté blessé a été comme *la cause éloignée*, et l'indice de la première cause immédiate et formelle du culte du Cœur matériel ; et *la voie providentielle* par laquelle les vrais serviteurs et amis de Jésus ont été initiés et amenés au culte du Sacré-Cœur. En effet la plaie du saint côté annonce celle du cœur : le même coup de lance a ouvert l'un et l'autre. Or de même que pour *le culte particulier* des pieds et des mains du Sauveur, différent de celui qu'ils reçoivent *en commun*, dans et avec son humanité toute entière, il a fallu une cause particulière, laquelle n'est autre que la blessure des clous ; de même le culte *particulier* du Cœur, a exigé une cause *particulière* qui est, comme pour le côté, la blessure causée par la lance. Seulement, celle du divin côté — sans parler des sublimes mystères d'amour qu'il représente — étant seule visible a arrêté tout d'abord les regards. Elle était implicitement par le fait, le symbole de celle du cœur et ainsi le culte du divin côté était en quelque sorte implicitement le culte du cœur. Pourtant il faut bien le reconnaître : ce culte du cœur matériel, mais explicitement exprimé, n'est éclos, comme nous le remarquions plus haut, que de très longs siècles plus tard.

Or le culte du cœur blessé n'est pas à proprement parler, le culte du Sacré Cœur. Par lui-même, il est uniquement l'extension du culte des Cinq-Plaies. Il représente l'amour de Jésus dans un cas particulier de même que les cinq plaies, c'est-à-dire, dans la blessure reçue. Pour être le vrai culte du Sacré-Cœur, il doit représenter, symboliser non un acte ou plusieurs actes de l'amour de Jésus, mais son amour, et dans toutes ses manifestations — surtout dans les plus éclatantes — et *en lui-même*, selon que je le démontrerai plus loin.

Mais à peine le cœur physique avait-il reçu, pour la cause désignée, un culte particulier, que *la cha-*

rité de Jésus, qu'il symbolise, qu'il personnifie — s'il est permis de s'exprimer ainsi — lui fut adjointe aussitôt dans l'unité d'un même objet, pour recevoir dans le sens que j'expliquerai en temps et lieu, un même culte et les mêmes adorations.

Les éléments pour accomplir le reste de la tâche que je me suis imposée se trouvent dans les auteurs compétents et dans des textes de documents authentiques. Il n'y aura qu'à les coordonner et tirer les conséquences.

LISTE PAR ORDRE CHRONOLOGIQUE

DES AUTEURS DES XIIe ET XIIIe SIÈCLES, DONT LES ŒUVRES CONTIENNENT LES PREMIERS TEXTES POUR DÉTERMINER LES COMMENCEMENTS DU CULTE PRIVÉ DU SACRÉ CŒUR DE JÉSUS.

1109. *S. Anselme*, né à Aoste. (Piém.) 1033/4, mai 6, moine 1060, puis abbé du Bec, 1078 (béni 1079, février 22) archevêque de Cantorbéry 1093, élu mars 6, sacré décembr. 4, à Rome 1098, 1103, + à Cantorbéry 1109, avril 21. — U. C.

Texte : Meditatio X, de Passione Christe. — P. l. CLVIII. 762.

1141. *B*x *Hugues de St-Victor*, né près Ypres, v. 1097, chanoine régulier, écolâtre de S.-Victor à Paris 1133, + 1141, février 11 (honoré, juillet 5). — U. C.

1148. *Guillaume de Liège*, cistercien, abbé *de S.-Thierry*, près Reims 1119, résigne 1135 à Signy, où + près 1148. — U. C.

Texte : Meditativæ orationes, Meditatio VI. — P. l. CLXXX, 225.

Nota. Ces méditations furent attribuées à S. Bernard. Cf. P. l. CLXXX, 191.

Ce même texte un peu modifié est dans le même auteur: Liber de contemplando Deo, ch. I, n. 3. — P. l. CLXXXIV, 368.

Nota. Ce livre sous le titre de *Liber Soliloquiorum* fut attribué à S. Bernard. — P. l. *ibid.* 165.

1151. *B*x *Guerric*, écolâtre de Tournay, cistercien à Clairvaux, 1131, abbé d'Igny, 1138, + 1151/5, août 19. — U. C.

Texte : Sermo IV, in Ramis. — P. l. CLXXXV. 141.

1153. *S. Bernard*, né au château de Fontaine-les-Dijon, 1091, moine à Citeaux, 1113, fondateur et abbé de Clairvaux 1115, où + 1153, août 20; canonisé 1174. Janv. 18, docteur de l'Église 1830. — U. C.

Texte : Sermones in Cant. Sermo LXI, n. 4. — P. l. CLXXXIII, 1072.

Nota. Ce texte lui est commun avec Hugues de S.-Victor et Pierre de Blois ; il se trouve aussi dans le pseudo Manuale de S. Augustin, chap. XXI. Cf. P. l. XL, 950.

1173 *Gilbert de Holland* (Hoylandia), cistercien, abbé de Swinshed, + 1173, mai 25. U. C.

Textes : Sermo XXI, in Cant. P. l. CLXXXIV, 114, et Sermo XXX in Cant., *ibid.* 155.

1173. *Richard de S. Victor*, écossais, chanoine régulier à S.-Victor de Paris, dont sous-prieur 1159, prieur 1162, théologien + 1173, mars 10. — U. C.

Textes: De Emmanuele, l. II, chap. XXI, P. l. CXCVI, 655, et: in Cant. chap. CXXVII, *ib.* 485.

1185. *Egbert*, chanoine de S.-Florent, à Bonn, bénédictin à S.-Florin de Schönau (Trèves) dont abbé 1167. + 1185 mars 28. — U. C. 1184 d'après Potthast.

Texte : Sermo de vita et passione Domini, n. 6. — P. l. CLXXXIV, 958.

Nota. Ce sermon sous le titre de « Stimulus amoris » fut attribué à S. Anselme ; il constitue encore la IXe Méditation des « Meditationes S. Anselmi. » Bergeron la tient pour apocryphe. Cf. P. l. CLVIII, 758. — Cette Meditatio IX a pour titre : « De humanitate Christi » ; la XIIe Meditatio porte aussi ce même titre.

Il est encore un pseudo-Bernard sous sa vraie désignation : rejeté par Trithemius. Cf. P. l. CLXXXIV, 954.

Même à son véritable auteur Egbert, il lui fut attribué sous les différents noms de : « Laudes Salvatoris », de : « Stimulus caritatis, ou dilectionis, ou amoris ». Cf. P. l. CXCV, 10, 11.

Pour ce *sermo*, par conséquent, même le titre de « Stimulus amoris » est apocryphe. Sous cette appellation, on désigne surtout un opuscule d'auteur inconnu, parmi les pseudo Bonaventure. L'édition des œuvres de S. Bonaventure, Lyon 1668, en fait honneur à ce S. Docteur, mais celle de Quaracchi 1892 à 1902 le rejette comme supposé.

v. 1200. *Pierre de Blois*, né à Blois, v. 1130, garde du sceau de Sicile v. 1167, chancelier de l'archev. de Cantorbéry, archidiacre de Bath, v. 1175, de Londres, doyen de Wolverhampton + 1200/12. U. C.

Texte : Sermo XIX, de eadem cœna Domini, P. l. CCVII, 618.

1226. *S. François d'Assise*, (Jean) né à Assise, 1182, fonde l'ordre des Frères-Mineurs 1209, + 1227, oct. 4, canon 1228 juillet 16. U. C.

Textes : Annales franciscaines IX, 142-3.

1231. *S. Antoine de Padoue*, né à Lisbonne (Ferdinand) 1195 août 15, augustin v. 1210, franciscain près Coïmbre 1221, professeur de théologie à Bologne, Toulouse, Montpellier, + à l'Ara-Cœli près Padoue, 1231 juin 13. U. C.

Textes : De pluribus aut uno

apostolo, Sermo III, 422. Paris, 1641, et : De multiplici Cœna Domini, *ib.* 418.

1246. *Ste Lutgarde,* née à Tongres, 1182, prieure de Ste Catherine (près S. Tron) 1215, cistercienne à Aywières (Aquiriæ) + 1246 juin 16. U. C.

Texte : Acta SS. Junii III, 239.

1253. *Ste Claire d'Assise*, née à Assise 1193, où abbesse de S.-Damien 1212 et + 1253, août 11 (honorée le 12). Canonisée 1255. U. C.

Texte : Annal. francisc., IX, 115.

1274. *S. Thomas d'Aquin*, né à Roca-Secca (près Aquino) 1225, (alias 1227) couvent dominicain à Naples 1243 vers août, professeur de Théologie à Cologne 1248, à Paris 1243 (et 1269), à Rome 1261, etc... à Naples 1272, + à Fossa-Nuova 1274, mars 7, canonisé 1323 juillet 18, Docteur angélique 1567, patron des écoles catholiques 1880. U. G.

Textes : Opusculum LI, de Sacramento altaris chap. XXVII, et chap. XXVIII, édition de Vivès 1875 t. XXVIII, 232 et 234.

1274. *S. Bonaventure*, Jean de Fidanza, Eutichius, Eustache, Bonafortuna, né à Bagnarea (Balneo, Regia) Toscane 1221, franciscain, 1243, général de l'Ordre 1256, (archevêque d'York 1265), card. évêq. d'Albano 1272, + à Lyon 1274 juillet 15 (honoré 14), translat. 1434, mars 14, canonisé 1482, Docteur séraphique 1588, U. C.

Textes : « Vitis mystica » édition. Quaracchi (ad claras aquas) 1892 à 1902, VIII, 163.

Nota : De ce traité on a pris le 3e chapitre sous le titre de sermo. III de Passione, attribué à S. Bernard et on en a fait les leçons du IIe Nocturne de l'office du S. Cœur.

Toujours attribué à S. Bernard ce chapitre III du « Vitis mystica » est encore désigné sous le nom de Sermo S. Bernardi in illud Joan. XV, 1. « Ego sum, vitis vera etc ».

Autre texte : « Lignum vitæ » qui constitue la leçon IX de l'office du S. Cœur. Edition Quaracchi, t. VIII, 79.

1281. *Sœur Mechtilde de Magdebourg* bénédictine en dernier lieu au monastère d'Helfta, où + 1281.

Textes : très nombreux dans son livre : « Lux divinitatis ».

1297. *Ste Marguerite de Cortone*, religieuse du Tiers-Ordre de S. François, née à Alviano (Toscane) v. 1247, + 1297 ; canonisée 1728, (honorée 22 févr.)

Texte : Acta SS. III, februarii, 335.

1298. *Ste Mechtilde de Hackeborn*, née en 1242, près Halberstadt, bénédictine du monastère d'Helfta, ou sa sœur Gertrude de Hackeborn fut abbesse de 1251 jusqu'à sa mort en 1291, + 1298, 19 novembre.

Textes : innombrables dans son livre : « Liber specialis gratiæ ».

1301/2. *Ste Gertrude la Grande*, née en 1256, 6 janvier, entreau monastère d'Helfta en 1261, sa première révélation 27 janvier 1281, bénédictine, + 1301/2.

Textes : sans nombre dans ses deux ouvrages : « Legatus divinæ pietatis » et : « Exercitia Spiritualia ». Edition H. Oudin, Paris, 1875, par les soins des RR. Pères bénédictins de Solesmes ; même édition pour les livres de S[e] Mechtilde de Hackeborn et de sœur Mechtilde de Magdebourg.

V. 1300. *Ludolphe de Saxe*, dominicain, v. 1300 chartreux, v. 1330, prieur à Strasbourg, + à Mayence ?

Voy. Vita D. N. J.-C. pars II, chap. LXIV.

Apr. 1306. *Ubertin de Casal*, frère mineur enseigna la théologie à Paris pendant neuf ans Vers 1305 il écrit : « Arbor vitæ crucifixi Jesu » où, surtout l. IV, chap. XXIV, on trouve de magnifiques preuves de la dévotion au S. Cœur.

1309. *S[e] Angèle de Foligno*, veuve, tertiaire de S. François + 1309, janv. 4 (honor. mars 30, et février 13). U. C.

Textes : Annal. francis., juin 1875.

1361 (alias 1379), *Jean Tauler*, né à Strasbourg, v. 1294, où dominicain et + 1361 (al. 1379).

Exercitia in vitam et passion. Christi, chap. IX.

1365. *Henri de Berg, dit Suso* (B[x]) né à Constance 1295, où dominicain (Amand, Jean de Souabe), + à Ulm 1365. Voy. Vie du B Henri Suso, chap. VII.

1380. *S[e] Catherine de Sienne*, Bénincasa, née à Sienne, 1347, tertiaire dominicaine, + à Rome 1380, avril 29 (honor. 30) canonisée 1461. U. C.

Voy. Vie de S[e] Catherine de Sienne, par la Ctesse de Flavigny, *passim*.

1419. *S. Vincent Ferrier*, né à Valence (Espagne) 1346 (al. 1357) dominicain, missionnaire apostolique 1398, + à Vannes. (Morbihan) 1419.

Voy. son sermon sur le vendredi Saint.

1440. *S[e] Françoise Romaine* du Tiers Ordre de S. François 1384, fonda l'Ordre des oblates 1433, à Rome où + 1440

Voy. Ses Visions, *passim*, et Annal. francisc. IX, 282.

1459. *S. Antoine de Florence*, où né 1389, dominicain à Fiesole, prieur, auditeur de Rote, archev. de Florence 1446, où + 1459 le 2 mai, canonisé en 1523. — Voy. opera, Pars IV, tit. XV.

1463. *S[e] Catherine de Bologne* de' Vigri, née à Bologne 1413 sept. 8, où abbesse des clarisses et + 1463, mars 9, canon. 1720. U. C. Voy. Annal. francisc., IX, 310.

1471. *Denys le Chartreux*. Voy. Dom. Boutrais. Un précurseur... Lansperge, p. 185.

1510. *S[e] Catherine de Gênes*, Fieschi Adorni, née à Gênes, 1447, où + 1510. Sept. 14, canon. 1737, honor. mars 22. U. C.

1524. *B[se] Baptista Varani*, née (Camille) 1458, avr. 9, clarisse + à Camerino 1524, mai 31 (honor. juin 2). U. C.

1539. *Lansperge* ainsi nommé du lieu de sa naissance (1489) Landsberg (Bavière). Son vrai nom est Jean Gerecht, c'est-à-dire, Juste. Termine sa philosophie en 1509 à l'université de Cologne et entre dans l'Ordre des Chartreux ; prieur de Cantave, près Juliers 1530 ; simple religieux à Cologne 1534 où + 1539, août 11.

Voy. P. Dom Cyprien-Marie Boutrais. « Un précurseur, etc... Lansperge-le-Chartreux, et la dévotion au Sacré-Cœur ». Grenoble, 1878, *passim*.

1597. *Bx Pierre Canisius*, provincial de la Compagnie de Jésus en Allemagne + 1597.

Voy. « le Bx Canisius, ou l'apôtre de l'Allemagne au XVIe siècle ». IIe partie, chap. v., Paris.

1622. *S. François de Sales*, né en 1567 au château de Sales, près d'Annecy ; prêtre 1593 ; évêque de Genève 1602 ; fonde l'ordre de la Visitation 1610, + à Lyon 1622 ; canonisé 1665 ; honoré 29 janv. ; Docteur de l'Église.

1641. *Se Jeanne Françoise Frémiot, baronne de Chantal*, née à Dijon 1572, fonde l'Ordre de la Visitation en 1610, + à Moulins 1641, béatifiée 1751, canon. 1767.

1680. *Vénérable Jean Eudes* né à Ri, ou Rye, diocèse de Séez en 1601 frère de l'historien Eudes de Mazeray et de Eudes d'Houay oratorien en 1623, prêtre à Paris 1625 ; fonde la Congrégation de Jésus et Marie à Caen 1643.

et l'ordre de N.-D. de Charité du Refuge en 1641

+ à Caen 1680 ; le 6 janvier 1903. Léon XIII promulgue le Bref relatif à la cause de sa béatification et de sa canonisation.

1682. *Le Vénérable Claude de la Colombière*, né à S. Symphorien d'Ozon, en Dauphiné le 2 février 1641, entre dans la Compagnie de Jésus vers 1658, précepteur des enfants de Colbert ; prêtre en 1669 ; Supérieur de la résidence de Paray-le-Monial 1675 ; prédicateur de la duchesse d'York à Londres 1676 ; octobre 13 ; en prison pendant trois semaines à Londres par suite d'une dénonciation calomnieuse de complot contre le roi et l'État ; à Lyon en 1679 ; à Paray-le-Monial 1681, où + 1682 le 15 février. Bref relatif à la cause de sa béatification et canonisation, août 1901.

1690. *Be Marguerite-Marie Alacoque*, née à Lauthecour, paroisse de Vérosvres, diocèse d'Autun ; entre au monastère de la Visitation de Paray-le-Monial 20 juin 1671 ; première communication sur le S. Cœur, vers la fin de 1673 ; secone grande manifestation du S. Cœur, 1674 ; troisième grande révélation juin 1675 ; + 17 octobre 1690.

AUTRES AUTEURS CITÉS DANS CE LIVRE

168. S. *Justin*, né à Sichem, (Naplouse (Palestine), v. 104, *philosophe*, converti v. 134, apologiste, + à Rome 168 avr. 13. U. C.

245. *Tertullien*, né à Carthage v. 160, chrétien v. 195, apologiste 198, + v. 245.

253. *Origène*, Adamantinus, fils de S. Léonide, né à Alexandrie (Egypte), 185, prêtre à Césarée 228, condamné 231, exégète et controversiste, + à Tyr 253. U. C.

338. *Eusèbe*, nom. Pamphile, né v. 267, évêque de Césarée (Palest.) v. 315, historien et théologien, + v. 338. — U. C.

367/8. S. *Hilaire de Poitiers*, dt ev. 350/5, exilé en Asie 356-60, + à Poitiers, 367-8 janv. 13, Docteur de l'Église.

373. S. *Athanase le Grand*, né à Alexandrie, v. 296, dont patriarche 326, où + 373, mai 2. — U. C.

389. S. *Grégoire de Nazianze*, né à Arianze près Nazianze v. 325, prêtre 362, év. de Sazima v. 373, archev. de CPle 379, évêq. de Nazianze 381-3, *le theologien*, + 389, mai 9, — V. C.

407. S. *Jean Chrysostôme*, né à Antioche v. 347, janv. 14, prêtre 386, patriarche de Constantinople sacré 398, fevr. 26, déposé et exilé 403 et 404, + près Comana 407, sept. 14. Docteur de l'Eglise, translat. à CPle, 438 janv. 27. — U. C.

408. *Prudence*, Aurelius, Clemens, né à Saragosse 348, à Rome 405, poète chrétien, + en Espagne 408? — U. C.

410. *Ruffin*, Tyrannius, né à Concordia v. 345, baptisé v. 372, moine à Aquilée; en Orient 374, prêtre à Jérusalem v. 390, + à Messine (Sicile) 410, juin 14. — U. C.

420. S. *Jérôme*, né à Stridon (Hongrie) 331, baptisé à Rome v. 366, prêtre à Antioche 378, à Bethléem 387, où + 420, sept. 30. Docteur de l'Eglise.

430. S. *Augustin* Aurelius Aurelianus, fils de Se Monique né à Tagaste 354, nov. 13, manichéen 374, rhéteur à Milan 384, où baptisé 387 avr. 24, prêtre 391, puis év. d'Hippone 395, où + 430, août 28. — U. C.

1444. S. *Cyrille*, né v. 376, patriarche *d'Alexandrie* 412, oct. 18, + 444 juin 27 (honor. janv. 28). U. C.

457. *Théodoret*, né à Antioche v. 393, moine, évêque de Cyr (Cyrrhus) (Syrie) sacré 423, histor. 450 et + 457. — U. C.

496. *S. Gélase I*, africain ou romain sacré 492, mars 1, + 496, nov. 19 (honor. 21). — U. C.

575. *Cassiodore*, Magnus Aurelius, né à Squillace (Calabr.) v. 480, consul 514, préfet du prétoire 534, moine à Vivarium (Calabr. v. 550, + 575.

apr. 600. *Fortunatus* (Venantius Honorius etc.), né près Ceneda (Trévise) 530, chapelain de Ste-Croix à Poitiers, évêq. de Poitiers v. 599, poète et littérateur, + apr. 600.

604. *S. Grégoire I le Grand*, né à Rome v. 540, préteur v. 570, diac. de l'église rom. ; à CPle v. 582-5, élu pape à Rome 590, sacr. à S. Pierre, sept. 3, où enseveli 604, mars 12. — U. C.

609. *Hesychius*, patriarche de Jérusalem 601 + 609.

735. *S. Bède le Vénérable*, né près Wearmouth (Durham) 672, moine à Jarrow, diacre 691, prêtre 702, histor. exégète 731, + à Jarrow, 735, le 26 mai. Docteur de l'Eglise.

804. *B*[x] *Alcuin*, Albinus Flaccus, né près d'York v. 735, diacre 768, précepteur de Charlemagne, 782 commencemt., abbé de S.-Loup, de Troyes, de Ferrières et de S. Josse-sur-Mer 793, de S. Martin de Tours 796, ou + 804 mai, 19. — U. C.

865. *S. Paschase Radbert*, du Soissonnais, bénédict., abbé de Corbie 844-51, à S.-Riquier, + à Corbie 865, avr. 6 U. C.

v. 908. *Rémy*, bénédict. à S.-Germain *d'Auxerre*, grammairien et théologien, + v. 908 mai 2. — U. C.

1072. *S. Pierre Damien*, né à Ravenne 988, camaldule, prieur, puis abbé de Font-Avellane 1041, cardinal évêq. d'Ostie 1058, administrat. de Gubbio 1060, légat, + à Faenza 1072, févr. 22, honor. 28. Docteur de l'Eglise. — U. C.

1138. *Drogon*, champenois, bénédict. prieur de S.-Nicolas à Reims, abbé de S.-Jean à Laon 1128, mai 16 ; cardinal-évêque d'Ostie, élu à Pise 1134 + 1138 déc. 19. — U. C.

ABRÉVIATIONS

ap. — après.
av. — avant.
b^{e}, b^{x}. — bienheureux, bienheureuse.
card. — cardinal.
év. archev. — évêque, archevêque.
s. s^{e}. — saint, sainte.
v. — vénérable.
Voy., Cf. — voyez.
J.-C. — Jésus-Christ.
N.-S. J.-C. — Notre-Seigneur Jésus-Christ.
+ — décès
P. l. — Patrologie latine édition Migne.
P. G.-l. — Patrologie gréco-latine édition Migne.
id. ibid. — le même, même endroit.
l. c. — lieu déjà cité.
op. c. — livre cité.
l. — livre.
c. — chapitre.
p. — page.
A.-T., N.-T. — Ancien Testament, Nouveau Testament.
U. C. — Ulysse Chevalier. Répertoire des sources historiques du moyen-âge. Paris, 1877-1883.
S. J. — Société, Compagnie de Jésus.

GENÈSE DU CULTE

DU

SACRÉ CŒUR DE JÉSUS

NOTIONS PRÉLIMINAIRES

Pour éviter toute équivoque dans l'usage nécessairement fréquent que j'aurai à faire des mots : dévotion ou culte, et cœur, j'en donne immédiatement les différentes acceptions. D'abord, parmi les différentes significations du mot *religion*, celle qui sert à désigner la vertu de ce même nom, nous intéresse particulièrement, parce que c'est à cette vertu qu'appartient la dévotion, soit comme acte spécial, soit comme perfection de tous ses actes en général. Dans ce sens, la religion est une vertu par laquelle nous rendons à Dieu le culte de latrie que nous lui devons, et, pourrions-nous ajouter, parce que nous le lui devons à cause de son excellence comme premier principe de toutes choses.

Nous disons, culte, et non : honneur, tout simplement, parce que le culte est un tribut, un hommage accompagné de soumission, ce qui, en général, n'a pas nécessairement lieu pour les honneurs. Par le culte en effet nous reconnaissons, et l'excellence de Dieu, et notre dépendance envers lui, et ces deux titres si différents exigent de nous un double retour envers Dieu. L'excellence de Dieu réclame de nous un tribut de louanges, d'honneurs, etc., et notre dépendance à son égard, nous commande en même temps la soumission envers lui. Les honneurs, les louanges, etc., sont comme la gerbe de fleurs que par le culte nous offrons à Dieu, et notre soumission est le lien précieux qui la retient ; tel est le culte.

Quant aux honneurs, il suffit le plus souvent, d'attester honorablement, la supériorité et la perfection de quelqu'un dont on ne dépend nullement. Ainsi, Dieu honore les saints, mais il ne leur rend pas culte.

La vertu de religion a une certaine affinité avec les vertus théologales, car elle rend culte à Dieu ; mais elle n'est pas une vertu théologale parce que, différemment de la foi, de l'espérance et de la charité, elle n'atteint pas *immédiatement* Dieu. En effet, ce n'est pas immédiatement et formellement parce qu'il est la cause première de tous les êtres, que nous rendons culte à Dieu, mais parce que ce culte lui est *dû*.

Sans doute, l'excellence divine, sous le rapport de premier principe, nous montre les droits à nos louanges, à notre vénération, etc. de l'Être absolu de qui tout dépend, et d'infinie majesté, qui est Dieu ; mais d'autre part, elle nous manifeste en même temps et comme répondant à ces mêmes droits de Dieu, *la dette*, dans la dépendance et la soumission, des pauvres êtres de néant que nous sommes.

Nous avons tout reçu de Dieu, l'être, la conservation dans l'existence, la puissance d'agir, et l'action, l'œuvre elle-même, puisque celle-ci est toute de nous par l'activité effective que Dieu nous donne, et, en même temps, elle est toute de Dieu par son concours. Nous lui devons tout ce que nous sommes, tout ce que nous avons et, malgré, de notre part, la libre détermination de notre volonté, nous lui devons même tous nos mérites, ces paroles de l'Écriture et de la liturgie sacrée étant toujours vraies, que Dieu, en couronnant nos mérites, couronne ses propres dons : *Domine dabis pacem nobis : omnia enim opera nostra operatus es nobis* (Isai., XXVI, 12). — *Et Sanctorum coronando merita, coronas dona tua* (Præfat. de Sanctis in Proprio Parisiensi).

Par ce qui précède il est évident que, comme les autres vertus, la vertu de religion a, dans son acte spécial qui est le culte, un objet matériel (les honneurs dûs à Dieu) et un objet, ou motif formel (la raison de justice, ou, parce que ces honneurs lui sont dûs) également immédiats l'un et l'autre, et qui terminent cet acte. On peut dire aussi avec Cajétan et plusieurs autres grands docteurs, qu'elle a un double second objet, matériel et formel (la supériorité de Dieu et les droits qui en découlent, comme il est dit) mais ce n'est là qu'un objet éloigné qui ne vient qu'en second lieu. Bref, si nous aimions pour elle-même cette perfection divine, à laquelle la vertu de religion rend culte et qui est son objet secondaire et éloigné, nous exercerions un acte de vertu théologale, c'est-à-dire, de charité ; mais, tant que nous ne rendrons à Dieu que les honneurs, louanges, etc. ce qui est dû à Dieu, et pour ce motif de justice, que cela lui est dû, nous ne ferons qu'un acte de culte, nous pratiquons la vertu de religion. Aussi bien, la vertu de religion est une partie de la justice, et, de même que l'objet de la justice envers le prochain, n'est pas le prochain, immédiatement, mais la chose due, la dette, avec l'obligation de l'acquitter, de même pour le culte, ce n'est pas Dieu qui en est l'objet (immédiat au moins), mais les honneurs qui lui sont dûs, et notre devoir à ce sujet.

Dans le culte de la très Sainte Vierge, des anges et des saints, il est tenu compte de l'infinie distance qui existe entre le Créateur et sa créature, malgré que celle-ci soit devenue sa fille par une nouvelle et surnaturelle génération, c'est-à-dire, par la participation de la vie divine ou surnaturelle, communiquée par la grâce.

Trois noms distinguent les trois ordres de culte : envers Dieu, Notre-Seigneur Jésus-Christ et son Sacré-Cœur, la Croix, c'est le culte de *latrie* — envers la très sainte Vierge à elle seule, le culte d'*hyperdulie* — et envers les bons anges et les Saints, celui de *dulie*.

La dévotion, avons-nous dit, appartient à la vertu

de religion, ou comme son acte propre et particulier, ou bien comme perfection de tous les actes qui, à un titre quelconque, appartiennent à cette vertu. De trois différentes manières en effet, un acte peut être revendiqué par la religion. Pour nous, laissant de côté, comme non nécessaire, l'analyse des actes qui n'appartiennent à la religion que 1° moralement, ou 2° impérativement, nous ne mentionnons que la dévotion, puisque c'est de la dévotion que nous traitons spécialement, laquelle, 3° physiquement et moralement à la fois, est le fruit de la vertu de religion, c'est-à-dire, qu'elle est l'acte produit *a*) réellement par cette vertu, et *b*) pour le motif propre et spécial de cette vertu.

Dans ce sens, nous disons avec saint Thomas [1] que la dévotion, est l'acte de la volonté de l'homme, s'offrant et se consacrant au service de Dieu. Cette offrande et cette consécration peuvent être plus ou moins durables, plus ou moins parfaites; elles atteignent leur perfection lorsqu'elles portent l'homme à s'attacher de tout son cœur à Dieu, par les trois vœux perpétuels de pauvreté, de chasteté et d'obéissance, approuvés par l'Église, et appelés, vœux de religion. Telle est la dévotion considérée comme acte spécial de religion.

Mais, dans le sens de perfection des actes se rapportant à la dite vertu, la dévotion n'est autre chose que la promptitude, ou l'empressement, et la ferveur ou l'ardeur de la volonté, dans le service de Dieu. Elle n'est pas une chose vulgaire ; elle est plus difficile et plus précieuse que certaines personnes ne le pensent, et, ne sont pas dévots, au Sacré-Cœur de Jésus par exemple, ou à la très sainte Trinité, à la sainte Vierge, etc. tous ceux qui le prétendent.

Cette dévotion ne doit pas être confondue avec la dévotion *sensible*, c'est-à-dire avec cette joie, cette consolation que l'on éprouve parfois, dans le service de Dieu ; dévotion bonne d'ailleurs, lorsqu'elle vient de Dieu, et qu'elle n'est pas l'effet d'une sensiblerie, ou

---

1. 2ª 2æ, q. 82, a. 1, ad 1.

d'une avidité malsaines. Sans ces consolations sensibles, si d'ailleurs on est prompt, diligent et fervent dans le service de Dieu, on est parfaitement dévot ; mais on ne le sera jamais, tant que ces deux conditions feront défaut et malgré toutes les consolations, lesquelles dans ce cas, seraient de mauvais aloi, ou tout au moins suspectes.

Le mot dévotion, est encore synonyme de culte pour signifier l'ensemble de l'objet, des actes, de la fin, etc... d'un culte particulier. Dans ce sens on dit indifféremment, le culte du Sacré-Cœur, ou bien la dévotion au Sacré-Cœur.

Ces simples explications sont suffisantes pour l'intelligence de notre sujet. Dans ce même but, nous allons donner préalablement les développements nécessaires sur les différentes acceptions du mot : *Cœur*. Ces acceptions ou sens, se réduisent à trois : 1° le sens propre, ou littéral ; 2° le sens figuré ou métaphorique ; 3° le sens symbolique, ou propre et figuré, à la fois.

LE CŒUR

I. SENS PROPRE OU LITTÉRAL

Premier rôle du cœur comme moteur ou propulseur du sang [1].

Dans le sens propre ou littéral, ce mot désigne le cœur proprement dit, le cœur physique, matériel, dont chacun sent les battements dans sa poitrine. Sous ce rapport, nous devons lui reconnaître trois fonctions : 1° propulser le sang ; 2° manifester les passions et les sentiments ; 3° symboliser l'amour.

Nous examinerons même une quatrième fonction du cœur, en faveur de ceux qui l'admettent comme probable, et qui consisterait à *produire* les affections *sensibles* ; le cœur, d'après eux, étant l'organe, ou tout au moins le prolongement et une partie intégrante de l'appareil ou organe de cette sensibilité.

D'abord, — c'est le cœur qui par sa structure et par son action incessante fait que le sang peut être constamment régénéré et vivifié, et qui, aussitôt ce résultat obtenu, envoie ce même sang, porter par tout le corps, les éléments nécessaires à sa formation, à son développement et à sa conservation ; et en même temps, et par les même moyens, distribuer par tout l'organisme, la vie, la santé et la vigueur.

Le Cœur de Jésus, par conséquent, a joué ce même rôle à l'égard du sang de la Rédemption, de ce sang de l'Agneau de Dieu par l'effusion duquel sur la Croix, nous avons été purifiés de nos péchés.

Ce mouvement de propulsion du sang, est *auto-*

---

1. Voir à la fin du livre la note relative à son rôle.

nome, parce qu'il ne vient pas du dehors, mais du cœur même, en vertu de sa propre contractilité et de son union substantielle avec l'âme.

Il est *nécessaire*, parce qu'il est indépendant de notre libre arbitre, et parce que s'il s'arrêtait, il s'ensuivrait la mort.

La condition nécessaire pour le mouvement du cœur et pour la vie corporelle, c'est le sang. Par son mouvement, nous le répétons, le cœur envoie dans tout le corps, les éléments nécessaires à la formation, réparation et conservation de tous les organes et de tout ce qui est matériel dans l'homme. Il maintient à la sensibilité, dans leur état normal, les organes de tous les sens. Il ne se repose jamais ; il est, disaient les anciens (éloge peut-être un peu excessif) le premier qui combat et le dernier qui succombe ; le premier à vivre, et le dernier à mourir.

Second rôle du cœur physique ou matériel : la manifestation des affections, c'est-à-dire des sentiments et des passions.

A ce premier mouvement autonome et nécessaire du cœur, il s'en surajoute un second qui en modifie le rythme et la force et qui n'en fait qu'un avec lui. Il a pour cause l'action des passions et des sentiments dont il est la manifestation et l'écho, à tel point, que s'il nous était donné d'en tracer des graphiques, celui qui serait expert dans l'interprétation de ces signes, y lirait des secrets, que celui qui en serait le maître n'aurait peut-être jamais révélés. En effet, par une loi inévitable de notre nature mixte, composée de matière et d'esprit, de corps et d'âme, les affections sensibles, en excitant en nous d'autres d'un ordre plus élevé, c'est-à-dire, les affections spirituelles ou sentiments, et réciproquement. Une expérience intime et personnelle, de tous les instants, nous prouve que, et les sentiments, et les passions, celles-ci immédiatement, et les sentiments moyennant les passions correspondantes, ont leur expression, leur prolongement dans le cœur matériel, expression et prolongement qui ne sont autre chose que cette modification du rythme et de la force autonome du cœur, dont nous venons de parler.

Mais, ce n'est pas tout, car si au point de vue *passif*, le cœur, par cette modification, est la fidèle expression des affections ; d'autre part, au point de vue *actif* et de la réaction par cette même modification, il sert les affections et s'harmonise avec elles ; car, par la célérité ou par la lenteur ; par l'abondance ou par la parcimonie que cette modification détermine dans les ondées du liquide vital, le cœur s'associe tout spécialement à la *vie affective* ; il coopère à son développement, concourt à son rôle dans toutes ses phases et suivant ses moindres nuances, conformément à la nature et au caractère des passions et des sentiments.

Par conséquent, les passions ou mouvements de l'*affection sensible* de Notre Seigneur Jésus-Christ, ainsi que les *sentiments spirituels* de son âme, ont eu leur répercussion, leur prolongement dans son divin Cœur, et ce Cœur en a été l'expression exacte, la fidèle manifestation, et réciproquement, par son rôle (qui lui est exclusivement propre), c'est-à-dire par la propulsion du sang, plus ou moins accélérée, ou plus ou moins lente ; plus ou moins abondante, ou plus ou moins parcimonieuse, il a coopéré avec une correspondance, une exactitude et une rigueur plus que mathématique, à la vie de ces mêmes *passions*, au moins ; et, médiatement, indirectement, à celle des *sentiments* dans toutes leurs phases, développements et évolutions. C'est dans ce sens qu'il a subi l'impression des affections, et qu'il a réagi sur elles. Par exemple, il a été oppressé par la tristesse au jardin des Oliviers, et à son tour, par la modification de son rythme et de son énergie, due à cette même tristesse, il a agi comme si lui-même était triste, contribuant à donner à cette passion le tempérament et l'expression qui lui sont propres. Il en a été de même pour les autres affections, toujours dans ce sens approprié, mais vrai : ainsi il a été enflammé par la charité, rassasié d'opprobres, troublé par la compassion, brisé par la douleur, et sous différents rapports il a été et il est le siège, le trône et la fournaise ardente de la charité, le sanctuaire vivant de la justice et de l'amour, etc., etc. et, nous le redisons une dernière fois : ces modifications de ses énergies et de son rythme, ont répondu et contribué à l'action des affections qui les ont causées, selon leurs propriétés, leurs modes et leurs tempéraments ; de sorte que Notre Seigneur Jésus-Christ nous montrant son Sacré-Cœur, a pu nous dire, selon la vérité, même dans ce sens que nous venons d'indiquer : « Voilà ce Cœur qui a tant aimé les hommes. »

Maintenant faut-il mentionner l'opinion, ou si on le préfère, le préjugé populaire, universel, d'après lequel le cœur matériel serait l'organe, non seulement de manifestation des sentiments de l'âme et des affections sensibles, mais aussi *l'organe de production des passions*, c'est-à-dire le co-principe formel, avec l'âme humaine d'autre part, l'organe, ou plutôt une partie de l'appareil organique, de l'appétit sensible, producteur des affections sensibles, dites passions.

Les anciens tenaient ce rôle du cœur physique pour certain. Parmi les auteurs modernes, quelques-uns l'admettent encore comme probable, le contraire n'étant nullement démontré ; les autres le nient, fondés sur les assertions de certains savants, lesquels en perpétuelle contradiction avec eux-mêmes, et détruisant le plus souvent le lendemain ce qu'ils avaient édifié la veille, analysent, dénombrent, définissent, etc. les organes du corps humain, les éléments qui les composent et les fonctions mécaniques qui leur sont propres, mais ils négligent, ou traitent incomplètement ou faussement le côté psychologique, lequel d'ailleurs est en dehors de leur compétence et, bien loin d'avoir établi leur enseignement sur des preuves indiscutables et certaines, ils aboutissent fatalement à de fausses conclusions.

Plus anatomistes et, sans être toujours dans le vrai, plus physiologistes que psychologues et philosophes (aucun d'entre eux jusqu'à ce jour ne s'étant montré vraiment digne de ces deux dernières appellations), ils dénient aux sens externes : à la vue, au toucher, etc., la propriété de puissances externes sensibles cognoscitives pour la perception immédiate des objets extérieurs. D'après eux, l'objet que les yeux contemplent, ou bien la brûlure qui est faite au pied ou à la main, ne sont pas perçus, sentis, connus localement et sensiblement par l'œil, le pied ou la main, par les sens de la vue ou du toucher qui y résident, mais par le cerveau. Pour eux, l'œil regarde, mais il ne voit pas ; le pied est brûlé, mais c'est au cerveau localement que l'on sent la brûlure ; ils confondent, par conséquent, et sans s'en douter, des facultés absolument distinctes : les sens externes et l'imagination ; et des actes essentiellement différents : ceux de la connaissance extérieure et immédiate de l'objet propre de chaque sens, par les sens; et ceux de la connaissance sensible intérieure, de beaucoup plus parfaite que celle des sens, par l'imagination.

Ils confondent, en la matérialisant, la conscience avec le sens intime ; ou bien, le sens intime avec la conscience sans le spiritualiser, aboutissant toujours au même sensualisme, au même matérialisme, n'accordant à l'homme que la perfection purement animale, et refusant à l'âme humaine sa spiritualité et par suite, son immortalité.

En retard sur la connaissance psychologique des passions proprement dites, ou sensibles, ou plutôt sur la différence psychologique qui existe entre la sensibilité cognoscitive et la sensibilité affective, ils méconnaissent nécessairement les nerfs qui sont les organes de celles-ci, ainsi que la nature de leurs fonctions. Ainsi ils distinguaient d'abord entre les nerfs à myéline et les nerfs sans myéline, entre les nerfs sensibles et les nerfs moteurs ; ils accordaient la sensibilité aux nerfs à myéline pour la refuser à ceux qui, d'après eux, en étaient privés et ne leur laissaient que la motricité. Or, on a découvert après, que tous les nerfs ont de la myéline, que tous les nerfs par conséquent sont sensibles ; que de nerfs moteurs il n'en existe point et que précisément, ces nerfs qu'ils appelaient moteurs, sont les organes de la sensibilité affective et des passions dont le point de départ est le cerveau ; et le centre principal, le grand sympathique et le cœur dont l'innervation (contrairement à ce que l'on croyait d'abord) est évidente et reconnue de tous. De là, ces nerfs rayonnent, par mille et mille ramifications, sur tous les points de la périphérie. A l'encontre des nerfs de la sensibilité cognoscitive (sens externes, sens intime et imagination) qui vont par gradation en se perfectionnant, de la périphérie au centre ; les nerfs de l'appétit vont du centre à la périphérie, ou plutôt du cerveau à la périphérie, et principalement au grand centre de l'affection : le cœur et le grand sympathique, et de là, à la périphérie.

L'appétit et l'affection sensible sont un mouvement vers l'objet ; les nerfs affectifs excitent les muscles, etc. pour le mouvement au dehors, vers l'objet.

Pour les nerfs cognoscitifs, c'est le contraire qui se produit : c'est l'objet qui, du dehors, vient à la puissance pour y être connu.

Quant à cette objection, que le cœur mis à nu est insensible au toucher, il est très facile d'y répondre en disant qu'il en est de même du cerveau, malgré le monopole de la connaissance et de l'affection sensibles qu'on veut lui attribuer, et en second lieu, parce que ni le cerveau ni le cœur ne sont faits pour ce genre de sensibilité du toucher, extérieure, mais que le cerveau est pour la connaissance et le cœur pour l'affection, intérieures l'une et l'autre, des objets sensibles.

Il résulte de ce que nous venons d'exposer, que si le cœur était l'organe de production, de l'amour des affections et des passions dans l'ordre de la sensibilité, le Sacré Cœur de Jésus aurait un nouveau titre à notre reconnaissance et à notre amour. Mais ce n'est pas ici le lieu d'expliquer cette question ; nous n'avons fait que l'effleurer en passant, pour en donner une idée aussi exacte que possible. Peut-être la traiterons-nous à fond ailleurs, *la dévotion au Sacré Cœur étant parfaitement indépendante de sa solution.* Rome ne s'est prononcée ni pour, ni contre ; elle n'a rien approuvé sous ce rapport, elle n'a rien condamné, prenant le cœur matériel de Jésus, *tel qu'il est en lui-même, essentiellement uni à l'âme et à la Personne du Fils de Dieu, et considérant spécialement en lui, sa qualité de symbole naturel de l'amour de Jésus pour nous et pour le Père.*

Nous, nous ferons comme le Pape et la Sacrée Congrégation des Rites, et nous passons à l'explication de cette autre qualité du cœur physique, c'est-à-dire du

Troisième rôle du cœur physique, ou de sa propriété de symbole réel et naturel de l'amour.

Tout symbole est un signe servant à désigner une chose, mais tout signe n'est pas un symbole. Tout le monde connaît les distinctions entre un signe naturel et un signe arbitraire ou conventionnel, entre un symbole verbal et un symbole réel. Or le cœur pris en général, étant compris dans cette dernière catégorie de signes (symbole réel et naturel) et, d'autre part, le cœur physique de Jésus, considéré précisément dans sa qualité et dans sa fonction de symbole de l'amour du Sauveur, ayant été reconnu et proposé par l'Église, comme étant l'élément, ou l'objet matériel spécial de la dévotion au Sacré Cœur, il convient d'examiner en détail cette propriété symbolique du cœur, à l'égard de l'amour.

Le symbole naturel est un objet qui, en plus de sa réalité, éveille dans l'esprit l'idée d'un autre objet, à cause des analogies qu'il a avec lui ; contribue à le faire connaître et sert à le représenter. Il n'est pas nécessaire que le symbole, pour jouer son rôle, soit toujours présent.

Le symbole naturel, représentant par ses analogies, la nature et les propriétés de l'objet symbolisé, l'emporte sur les simples signes, soit naturels, soit arbitraires, dont le rôle consiste uniquement à indiquer la présence ou le passage d'un objet ou d'une personne dans un lieu déterminé. Il est supérieur à l'image, car malgré que celle-ci reproduise les traits extérieurs de l'original, elle n'en dépeint pourtant pas le caractère, ni les qualités intérieures.

L'image emprunte son nom à l'être qu'elle représente, tandis que le symbole donne le sien à l'objet symbolisé. Le symbole verbal lui-même, le cède au symbole naturel et réel, parce que ses propriétés symboliques lui sont extérieures et ne découlent point de sa nature ; il n'a donc aucune valeur naturelle et intrinsèque, et il doit être placé parmi les signes conventionnels ou arbitraires.

Nous disons que le cœur est par excellence, le symbole naturel de l'amour ; car il ne peut pas avoir sa cause comme tel, dans une *entente préalable*, mais *dans la nature* elle-même cet accord universel, cette conformité, qui chez tous les peuples et toujours, a, comme instinctivement, poussé l'homme à en appeler à son cœur, à porter sa main sur sa poitrine, c'est-à-dire sur son cœur, etc., etc. pour témoigner son amour. Pourquoi ? Parce que le cœur est considéré comme le siège de l'amour, son organe de manifestation très fidèle et très parfait, et comme le centre où retentit et où se fait sentir le contre-coup agréable ou douloureux, calme ou violent, de toutes les passions et de tous les sentiments.

Cette manière de voir a sa raison d'être dans l'influence naturellement nécessaire des passions ou mouvements affectifs sensibles, sur les sentiments ou mouvements affectifs spirituels, et réciproquement, et se traduisant simultanément par leur manifestation sensible dans le cœur physique. Dans la genèse de nos connaissances et de nos affections, nous progressons de l'ordre matériel et sensible, à l'ordre spirituel ; des actes des sens à l'exercice de la raison, et cela, par une coopération réciproque, simultanée et immédiate ; puisque après, la connaissance étant déjà acquise, il arrive par la nature des choses que les actes purement spirituels de l'intelligence et de la volonté, ne peuvent s'exercer sans être préalablement précédés et simultanément accompagnés des actes des facultés inférieures de l'ordre purement sensible ou animal.

Cette influence et cette dépendance réciproques ont leur cause dans l'unité de personne et de nature mixte de l'homme. Rien ne se passe dans les régions supérieures, sans que l'ordre inférieur ou secondaire y participe et n'en ressente l'influence selon sa nature ; et réciproquement ; rien ne s'effectue dans l'ordre purement sensible, sans que l'ordre spirituel n'entre en action, pour jouer son rôle et exercer son activité sur le même objet, selon sa propre nature.

En définitive, les mouvements affectifs sensibles et spirituels, étant entre eux dans des rapports d'influence active et passive réciproques, sont traduits et manifestés sensiblement par le cœur physique, par une modification de son rythme et de sa force. Cette modification, les sentiments l'impriment au cœur moyennant les passions, et celles-ci sans intermédiaire, par leur propre énergie.

Parmi toutes les analogies, et toutes les raisons qui assurent au cœur le noble titre de symbole naturel de l'amour, la plus puissante, et à elle seule très suffisante à cette fin, est cet accord entre les mouvements du cœur et ceux de la vie affective.

Mais elle n'est pas la seule ; il nous reste à en examiner d'autres très nombreuses, frappantes et admirables.

Le cœur est le premier à vivre, à agir, ou tout au moins à exercer la fonction qui lui est propre ; puisque son fonctionnement est la condition nécessaire de celui des autres organes. Son mouvement ne lui vient pas du dehors ; il en a le principe dans sa propre contractilité.

Il ne se repose jamais ; même pendant le sommeil, il veille, il travaille, il remplit sa tâche sans se relâcher un instant. C'est que, comme nous l'avons dit, de son activité, dépend celle des autres organes, et s'il cessait un instant d'envoyer à l'organisme humain le liquide vital, tout mouvement cesserait dans l'homme et il s'ensuivrait la mort. Aussi, le sort de la vie tout entière, au point de vue de la vigueur et de la santé, dépend de celui du cœur : « la vie du corps est la santé du cœur », dit le livre des Proverbes (XIV, 30). Ainsi, selon que le cœur est sain, ou maladif, ou épuisé, c'est pour le corps tout entier, la santé, la maladie ou le dépérissement. Enfin, un cœur sans fonction, c'est l'arrêt complet, la cessation de la vie, le silence général, la mort. Roi de l'organisme, tel est le titre que le célèbre Harvey décernait au cœur : nous pouvons, sans exagération, de lui reconnaître avec lui.

Voyons maintenant, si le cœur métaphorique, si l'amour ressemble réellement au cœur matériel, sous ces rapports, et quelles correspondances analogiques, ces propriétés respectives créent entre eux. Pour cela il faudrait que l'amour, de même qu'il est le premier des sentiments dans l'ordre de la dignité, le soit également dans l'ordre du temps ; que la vie morale, celle des sentiments et leur perfection, aussi bien que leurs défauts, leurs désordres graves et leur ruine finale et irréparable, dépendent de l'amour sous tous ces différents rapports. Or il en est ainsi.

D'abord, le premier mouvement affectif qui éclot dans notre âme est un acte d'amour de nous-mêmes et de notre propre conservation. Puis, dès que les premiers rayons de la raison éclairent notre intelligence, la première fleur qui, de droit et de fait, doit germer dans notre cœur, c'est un acte d'amour de Dieu, notre dernière fin, notre premier principe et notre souverain bien. Quoi qu'il en soit de ce premier acte d'amour de Dieu, la vie des autres sentiments n'existerait pas, sans celle de l'amour. Si je hais, c'est parce que j'aime quelqu'un ou quelque chose, que menace l'objet de ma haine ; si je suis patient, fort, modéré, prudent, etc., c'est que je veux acquérir ou conserver un objet que j'aime.

Cette propriété d'aimer, le cœur moral ne la tient pas du dehors ; il est aussi naturel au cœur d'aimer, qu'il l'est au feu, de brûler. Si l'amour apprécie et aime Dieu et les créatures, selon la voix de la conscience et la loi de Dieu, tous les autres sentiments participent de sa droiture et de sa perfection. Mais, s'il s'éloigne de la voie tracée par l'ordre naturel et par la nature des choses, tous les autres sentiments sont déréglés et frappés de stérilité pour la vraie vie, et, si le terme de la vie coïncide avec ce désordre, c'est la ruine finale, totale, irréparable de la vie parfaite de l'amour, par sa séparation éternelle d'avec son objet, le Bien infini.

Telles sont les relations frappantes et le parallèle merveilleux, créés par les qualités du cœur réel, analogues à celles du cœur métaphorique.

Enfin, il est des auteurs, et on doit les approuver en cela, qui signalent une dernière corrélation entre les deux mouvements du cœur physique et les deux fonctions principales de l'amour. Pour eux le mouvement de dilatation du cœur pour recevoir le sang, représenterait le mouvement de dilatation de l'amour pour embrasser le bien ; et le mouvement de contraction pour expulser le sang, correspondrait à la contraction de l'amour repoussant le mal.

Ajoutons que dans cette dévotion, le symbole, n'est pas un objet quelconque ou séparé de la personne, mais le Cœur même de Jésus, hypostatiquement uni à lui, comme son âme et toute sa sainte Humanité, et que ce Cœur étant le plus saint, le plus noble, le plus sensible de tous les cœurs, il est par conséquent, le symbole de l'amour de Jésus, le plus parfait qu'il nous soit donné de concevoir.

Nous venons de considérer en dernier lieu celle des propriétés du cœur physique qui le constitue le symbole naturel de l'amour ; c'est le cœur symbole que nous avons examiné. Tantôt pour la clarté du discours, nous adopterons une différence *technique* entre ces deux expressions : cœur *symbole*, et cœur *symbolique* ; mais avant, il est nécessaire d'arrêter pendant quelques instants notre attention sur la seconde acception du mot cœur.

II. LE CŒUR FIGURÉ OU MÉTAPHORIQUE

La métaphore est le sens différent du sens propre, attribué à un mot ; ou en d'autres termes, c'est l'usage d'un mot que l'on fait passer de son sens propre dans un autre sens. Ainsi, les mots : lion, aigle, appliqués à des hommes, passent de leur signification propre, à une autre qui ne leur est pas propre. La raison de cette translation, réside dans la ressemblance ou analogie de l'objet auquel le nom appartient en propre, avec les qualités de l'être, auquel ce même nom est donné par métaphore, autrement dit, dans un sens figuré. Ainsi, le lion a des ressemblances, par sa force et son courage, avec l'homme fort et courageux ; de même que le roi des airs a dans la puissance de sa vue des analogies avec l'homme de génie. Dans ce cas, l'aigle et le lion figurent, représentent l'homme, et celui-ci prend le nom de l'être qui le représente, et par conséquent, ce nom n'est pas pris dans son sens propre, mais dans un sens métaphorique ou figuré.

De même, le cœur par ses admirables analogies avec l'amour, dans ses trois rôles : 1° de symbole de l'amour ; d'organe, et 2° de la circulation du sang et 3° de manifestation des passions et des sentiments, donne son propre nom à l'objet qu'il représente, c'est-à-dire à l'*amour*, et par extension à la *puissance* qui le produit et à ses états *habituels* bons ou mauvais, mais dans un sens figuré. Dans ce sens, le cœur, comme *puissance* physique c'est la volonté et l'appétit sensible ; comme *acte* c'est principalement l'amour, base et mobile de tous les autres sentiments ; et comme l'homme n'a de mérite que par son amour à l'égard de Dieu sa *fin dernière*, le cœur c'est l'homme au point de vue *moral*, c'est-à-dire l'homme tout entier, l'homme selon l'expression la plus exacte de sa véritable valeur. Par conséquent, au point de vue moral et dans le sens figuré, le cœur c'est l'homme d'après les dispositions habituelles de sa volonté, ou d'après l'*état habituel* de son amour ou de son indifférence envers Dieu, sa fin dernière et son souverain Bien.

C'est à ce cœur figuré que doivent être rapportés les qualités ou les défauts de ce sol où tombe la semence et dont parle le Sauveur dans cet admirable enseignement de la parabole du Semeur.

Notre-Seigneur, sous les métaphores de chemin, de champ rocailleux, et de champ recouvert d'épines, nous dénonce trois sortes de mauvaises volontés, ou cœurs, au figuré. Ces trois classes de mauvais cœurs, nous pouvons les réduire à ces trois grands maux : l'indifférence envers Dieu ; la velléité ou plutôt la paresse pour les choses du salut ; et enfin, le trop grand attachement aux biens de la terre. En effet, le chemin foulé indifféremment par les bons et par les méchants, par les personnes et par les animaux, indique bien l'indifférence à l'égard de Dieu et de notre salut.

Le champ à la mince couche de terre étendue sur des rochers cachés dans le sol, ou bien mélangée à des pierres sans nombre, c'est la volonté, le cœur figuré, opposant à chaque bon mouvement, l'inertie, la dureté de la paresse, laquelle, telle que le roc ou les pierres occupant la place de la terre fertile, empêche toute bonne semence de pousser de profondes racines et de fructifier.

Enfin, le champ recouvert d'épines, c'est encore le cœur métaphorique, la volonté, ou les affections, l'amour immodéré et les soucis agités et incessants des biens d'ici-bas, qui s'élevant (tels qu'une puissante mais nuisible végétation) au-dessus des vertus naissantes, les empêchent de produire leurs fruits.

Après ces trois espèces de mauvais cœurs, Notre-Seigneur explique lui-même comment la bonne terre sur laquelle tombe le bon grain, c'est encore la volonté ou le cœur figuré, selon ses trois degrés différents de bonté ou perfection ; car parmi ces cœurs, les uns ont produit trente pour un, d'autres soixante, et enfin les plus parfaits, cent.

Quant à ces trois degrés de bonté du cœur, ne serait-il pas permis de leur appliquer cette classification, donnée par saint Ignace dans son admirable livre des Exercices spirituels et qui consiste à reconnaître dans le premier degré de bonté du cœur (nécessaire celui-là au salut) la volonté disposée à tout perdre et à tout souffrir, plutôt que d'offenser Dieu gravement par un péché *mortel*. Le deuxième degré, c'est l'indifférence envers tous les biens périssables, avec la volonté de souffrir tous les maux plutôt que de commettre un péché *véniel* ; et enfin le troisième degré (qui renferme d'ailleurs les deux précédents) par lequel, à égalité de mérite, et de gloire de Dieu, mais, pour mieux ressembler à Notre Seigneur Jésus-Christ, on préfère la pauvreté aux richesses ; les souffrances aux légitimes satisfactions de la terre; et le mépris aux honneurs.

Tel est le cœur au figuré, c'est-à-dire l'amour, la volonté avec ses qualités et ses défauts, en un mot, l'homme au point de vue moral, selon les trois degrés possibles de son mérite, de sa dignité et de sa réelle valeur devant Dieu.

Il est inutile de dire en terminant, que d'après cette acception, le Cœur de Jésus c'est, ses puissances affectives avec leurs actes : sa volonté divine, sa volonté humaine et son appétit sensible; son amour divin et son amour humain, envers son Père et envers nous.

Nous nous abstiendrons de parler, sous le nom de cœur, de la valeur morale ou de l'état moral de Jésus, la chose étant ineffable. Jésus étant lui-même sa propre fin ; son amour comme Dieu est en lui-même infini, et le mérite de son amour comme homme est de même infini à cause de la Personne infinie qui lui communique sa dignité.

III. LE CŒUR : SENS SYMBOLIQUE

Nous voici arrivés à la troisième et dernière acception attribuée au mot *cœur* : le cœur symbolique, matière noble, délicate et d'une importance capitale pour notre sujet. Le cœur physique est bien réellement, comme nous l'avons vu, le *symbole* naturel de l'amour, mais il n'est pas à lui seul le cœur *symbolique* [1].

Celui-ci comprend à la fois ces deux extrêmes : le cœur et l'amour, unis ensemble par les liens de leur ressemblance, c'est-à-dire, de l'analogie, cause du symbolisme. C'est le cœur matériel symbole, mais dans l'exercice de sa fonction, c'est-à-dire, dans l'acte de symboliser. C'est aussi et simultanément l'amour, mais l'amour dans sa relation actuelle d'objet représenté par le cœur. Nous voyons par là, que

1. Cette nouvelle acception est artificielle et technique, adoptée par les auteurs pour rendre leurs discours plus clairs et plus distincts.

dans le cœur symbolique, le cœur et l'amour sont en relation actuelle et réciproque : l'un ne va pas sans l'autre. Ce sont les deux termes d'une relation, dont la raison d'être est de se trouver constamment en rapport actuel et habituel réciproquement. C'est le cœur physique symbolisant l'amour, en même temps que c'est l'amour symbolisé par le cœur ; les deux sont envisagés et honorés à la fois, soit que du cœur réel (mais sans le quitter) on s'élève jusqu'à l'amour, soit que de l'amour on étende à la fois son affection sur le cœur. Dans ce symbolisme réel, il y a les trois termes essentiels à toute relation, le sujet, le terme et le lien ou la cause des rapports des deux termes entre eux. Ici le *sujet*, l'objet signe, ou symbole, c'est le cœur matériel; le *terme* ou l'objet signifié, symbolisé, c'est l'amour, et, la *raison* qui établit cette relation ou rapport, c'est la ressemblance ou analogie qui existe entre le cœur base, et l'amour terme de la relation. La base, sujet ou symbole, autrement dit le cœur physique, a pour raison d'être dans le cœur symbolique, de représenter actuellement l'amour et réciproquement l'amour entre comme élément dans le cœur symbolique parce qu'il est considéré, comme actuellement représenté par le cœur. Qu'est-ce donc que le cœur symbolique? Ce n'est autre chose que la réunion du cœur réel et du cœur métaphorique, par l'analogie ou ressemblance, raison du symbolisme. Qu'est-ce donc que le Cœur symbolique de Jésus? C'est son cœur de chair, *tel qu'il est en lui-même* et uni à la sainte Humanité et à la Personne divine de Notre Seigneur Jésus-Christ et *envisagé spécialement* comme symbole de son amour, et puis, ce même amour. C'est le moment de nous demander, quel est celui de ces trois cœurs, du cœur physique, du cœur métaphorique, ou du cœur symbolique que l'Église a adopté comme objet du culte public du Sacré Cœur de Jésus.

Nous affirmons que c'est le cœur symbolique ou, en d'autres termes, la réunion du cœur au sens propre et du cœur au sens figuré ; du cœur physique et du cœur métaphorique ; ou encore, du cœur réel, matériel de Jésus, et de son amour à la fois. Mais ce n'est là, pour le moment, qu'une indication générale pour éclairer le chemin que nous avons à parcourir, pour que nous ne semblions pas marcher dans les ténèbres : cela ne nous démontre donc pas encore quel est l'objet de cette dévotion envisagé sous son aspect spécial, sous son caractère propre et individuel, avec la fin, les promesses, les pratiques, etc., qui lui sont spécialement propres.

Pour nous informer de tous ces points essentiels et de tous ces détails, il est nécessaire d'interroger l'Écriture sainte, les auteurs mystiques, les hagiographes, les documents pontificaux, etc., etc.

Ainsi découvrirons-nous la voie suivie par les premiers dévots du Sacré Cœur, et les raisons sur lesquelles repose tout ce qui se rapporte à la genèse, aux développements et à la parfaite connaissance de cette sublime dévotion. Ce ne sera qu'après ces recherches multiples et complexes qu'il nous sera permis de synthétiser toute la doctrine, comme il convient, dans une définition essentielle et descriptive à la fois, et d'appuyer nos affirmations sur d'invincibles arguments.

LE CULTE DU SACRÉ CŒUR

ET L'ANCIEN TESTAMENT

Dans l'Écriture sainte de l'Ancien Testament, il n'y a aucun texte qui contienne dans le sens littéral, ou même — du moins le contraire n'est pas prouvé — dans le sens spirituel, la formule, ou les éléments synthétisés du culte du Sacré-Cœur.

Le mot *cœur* y est pris, ou bien 1° dans le sens métaphorique, pour signifier l'amour, sans que le cœur matériel lui soit jamais uni comme complément de l'objet du culte ; ou bien, 2° dans le sens littéral, pour le cœur physique, non point comme objet d'un culte particulier, mais par la nécessité du discours comme on nomme en général les autres parties du corps humain. Parfois aussi on en désigne les affections physiologiques ou pathologiques, sans que la charité lui soit adjointe pour former avec lui un objet total, que l'on veut honorer. Par conséquent, dans l'Ancien Testament, sous le nom de *cœur*, c'est toujours la charité que l'on honore exclusivement, tandis que le cœur physique n'y reçoit aucun culte, ni isolément, ni associé à la charité.

Telle est la doctrine de saint Jérôme, le très grand docteur de l'Église dans l'interprétation des Livres sacrés — Doctor maximus in exponendis sacris Scripturis. Dans les saintes Écritures, dit-il, par le mot *cœur*, nous devons entendre l'âme et le sentiment [1]. Il est dit 1° *le sentiment*, c'est-à-dire les affections et principalement, l'amour ; 2° et *l'âme*, c'est-à-dire, l'intelligence et la volonté ; car l'intelligence unie à la volonté — les deux principales puis-

1. S. Hieronym. in Jerem. proph., l. 1. c. IV. P. l. XXIV, 709.

sances de l'âme — est appelée *cœur*, parce que la volonté a besoin de l'intelligence qui lui montre son objet. On ne désire pas ce qu'on ignore. C'est pourquoi les latins, surtout les Romains qualifiaient de *cordatus* (l'opposé, d'homme sans cœur), d'homme sensé, celui dont la volonté et les affections étaient conformes au bon ordre, à la droite raison, aux pensées nobles et élevées. C'est ce que signifient aussi ces paroles de la Genèse : « Voyant Dieu *que toutes les pensées du cœur* étaient toujours portées au mal... [1] » « *la pensée du cœur* humain est facilement portée au mal dès l'adolescence » [2], et celle-ci du *Magnificat* : « Le Tout-Puissant a dispersé les orgueilleux dans *les pensées de leur cœur* » [3]. Il est dit : *les pensées du cœur*, non point que le cœur soit la puissance de penser, mais parce que le cœur, c'est-à-dire la volonté pervertie et corrompue suggère à l'intelligence toute sorte de raisons désordonnées et y conforme ses passions et ses sentiments. En définitive, dans l'Écriture sainte, le cœur est surtout la volonté, les affections, l'amour.

Tel est aussi le sentiment unanime des Saints Pères. En effet, ils n'expliquent jamais, 1° par le cœur physique et pour lui rendre culte ; ni 2° par la charité unie au cœur matériel, pour les honorer ensemble ; mais 3° par la charité seule — les passages où le cœur matériel, *aussi* semblerait-il — devrait être compris.

Citons des exemples.

Voici sur ces paroles du Psalmiste : *L'homme s'approchera du cœur élevé* » « l'homme entrera dans le plus profond de son cœur ». (Ps. LXIII, 8), les explications de saint Athanase le Grand et de Remy d'Auxerre : « L'homme de Dieu dont la *prudence* dirige les pas, (car c'est ce qu'il faut entendre par *cœur élevé*) étudiera avec soin les mystères et par des hymnes magnifiques il exaltera Dieu » [4].

---

1. Gen., VI, 5.
2. Gen., VIII, 21.
3. Luc, I, 51.
4. S. Athanas., Expositio in Ps. LXIII, 8, P. G. l., XXVII, 282.

L'homme s'approchera du cœur élevé, c'est-à-dire *des desseins* inscrutables de Dieu [1].

De même dans ces autres paroles : *Mon cœur au milieu de mes entrailles a été semblable à la cire qui se fond* [2], ni saint Augustin, ni aucun autre ancien écrivain ecclésiastique n'y découvrent pas même les indices de la dévotion au Sacré-Cœur. « Mon cœur s'est fondu comme la cire, c'est-à-dire : *ma sagesse* qui est consignée dans les saints Livres était comme figée, cachée, et n'était point comprise ; mais, rendue comme liquéfiée par le feu de ma passion, elle s'est manifestée, et a été conservée dans mon Eglise » [3].

Plus accentué encore pour le cœur métaphorique est le commentaire de Cassiodore : « Il donne le nom de *cœur* à *sa volonté*, laquelle était recouverte d'un voile dans les saintes Écritures ; mais après sa passion, toute vérité relative à son Incarnation, a été révélée ». P. l., LXX, 158.

Voici maintenant deux textes bien expressifs, se rapportant, en apparence, au culte du Sacré-Cœur. C'est Notre Seigneur Jésus-Christ qui, dans le Cantique des cantiques, s'adresse à son Église en ces termes :

Vous avez blessé mon cœur, par l'un de vos yeux, et par un cheveu de votre cou [4].

Mettez-moi comme un sceau sur votre cœur, comme un sceau sur votre bras : parce que l'amitié est forte comme la mort, et que le zèle de l'amitié est inflexible comme l'enfer [5].

Néanmoins, pendant les onze premiers siècles de notre ère, aucun auteur n'en a pris occasion pour recommander notre dévotion. Un simple mot d'explication de quelques grands commentateurs suffira pour nous le prouver.

« *Vous avez blessé mon cœur*, c'est-à-dire, douée de

---

1. Remig. Antissiodor., Enarrat. in Ps. LXIII, 7, P. l. CXXXI, 462.
2. Ps. XXI, 15.
3. S. August., Enarrat. in Ps. XXI, P. l., XXXVI, 169.
4. Cant., IV, 9.
5. Cant., VIII, 6.

ce regard et ornée d'un tel collier, vous nous avez enflammés *d'amour* pour vous » [1].

Mettez-moi comme un sceau sur votre cœur et sur votre bras. Il appelle cœur *la vertu contemplative* de l'âme, et bras, sa vertu active [2].

Vous avez blessé mon cœur, ma sœur », cette blessure c'est *la dilection* du cœur [3].

Vous devez me placer d'abord comme un sceau sur votre cœur, et puis sur votre bras; c'est-à dire que vous devez recourir à mon signe, aussi bien dans *vos pensées* que dans vos actions » [4].

Le cœur ce sont *les pensées*, et le bras, les œuvres [5].

Mettez-moi sur votre cœur, « par la *pensée*; sur votre bras par l'action » [6].

« Par le *cœur*, c'est la pensée qui est désignée; et par le *bras*, l'action » [7].

Donc, partout, dans leurs commentaires de l'Ancien Testament, les saints Pères traduisent, *le cœur*, par *l'amour*, même dans le verset 9, IV Cant. : « *Vous avez blessé mon cœur* », où, si par le cœur blessé on entendait le cœur matériel, on aurait une raison suffisante pour le culte du cœur matériel, et, comme conséquence naturelle et inévitable, pour le culte du cœur symbolique, c'est-à-dire du Sacré-Cœur de Jésus tel que l'Église le comprend. Dans leurs écrits, par conséquent, il n'y a aucune trace du vrai culte du Sacré-Cœur.

Toutefois, en fait de textes et de commentaires de l'Ancien Testament, il nous reste, comme *objection*, d'abord un texte ; puis, les rapprochements établis entre certains textes et la dévotion au Sacré-Cœur, par les écrivains ecclésiastiques et par les saints docteurs postérieurs au onzième siècle. Le texte dit :

---

1. Théodoret, Episc. Cyrens, in Cant., III, P. G.l. LXXXI, 139
2. *Id.*, *ibid.*, IV, 203.
3. S. Just. Urgel. Exposit. in Cant. P. l. LXVII, 978.
4. *Id.*, *ibid.*, 990.
5. S. Gregor. Magn. Super Cant. II, P. l. LXXIX, 541.
6. *Id.*, *ibid.*, VI, 1211.
7. B. Alcuinus, in Cant. VIII, 6, P. l. C. 662.

« *Ils* (la maison de David et les habitants de Jérusalem) *jetteront les yeux sur moi qu'ils ont percé* (de plaies) [1].

L'exégèse est ici indubitable : l'Esprit Saint s'est interprété lui-même.

Il s'agit de la blessure du côté, du cœur même de Jésus ouvert par la lance, pouvons-nous affirmer ; car l'Esprit Saint prédit la blessure telle qu'elle est, dans toute sa profondeur. En effet, nous lisons : *Puis* (les soldats) *étant venus à Jésus, et voyant qu'il était déjà mort, ils ne lui rompirent point les jambes ; mais un des soldats lui ouvrit le côté avec une lance, et il en sortit aussitôt du sang et de l'eau... Ces choses ont été faites, parce qu'il est dit dans un endroit* de l'Écriture : Ils verront celui qu'ils ont percé (Zach., XII, 10) [2].

Nous répondons que le *aspicient ad me quem confixerunt*, du prophète Zacharie, *videbunt quem transfixerunt*, dans saint Jean, a toujours été interprété pour la plaie du côté, et jamais explicitement pour la plaie du cœur avant le douzième siècle. Jusque là, le terme *cœur*, symbole de l'amour, n'avait pas plus contribué à créer un culte quelconque pour le cœur matériel, que s'il se fut agi d'une simple métaphore, ou figure de mots, telle que, fleur de la jeunesse, foudre de guerre, flamme du génie, etc. A s'en tenir donc à son symbolisme, il ne paraît pas que le cœur eût dû un jour être spécialement honoré.

Mais, le culte du côté ouvert a fait naître le culte du cœur et du cœur blessé, et dès lors, à la chose symbolisée a été associé son symbole dans l'unité d'un seul objet.

Il reste donc l'objection tirée des analogies et des rapprochements établis par de grands mystiques entre certains textes de l'Ancien Testament et la dévotion au Sacré-Cœur. Parmi ces textes, les principaux sont :

---

1. Zach., XII, 10.
2. Joann., XIX, 33 seqq.

Premier texte : *Vous qui êtes ma colombe, vous qui vous retirez dans le creux de la pierre et dans les enfoncements de la muraille, montrez-moi votre visage...* » etc. [1].

Second texte : « *Il m'a fait entrer dans le cellier où il met son vin, il a mis en moi son amitié* » [2].

Troisième texte : *En ce jour-là il y aura une fontaine ouverte à la maison de David et aux habitants de Jérusalem, pour y laver les souillures du pécheur et de la femme impure* [3] et, *vous puiserez avec joie des eaux des fontaines du Sauveur* [4].

Examinons maintenant les analogies que de grands personnages ont pu voir entre ces textes et le Sacré Cœur.

Premier texte. — Du premier texte, le bienheureux Guerric d'Igny, Ludolphe de Saxe, sainte Gertrude la Grande, etc. se servent pour recommander le culte du Sacré Cœur en ces termes : « Bienheureux celui qui pour me permettre de faire mon nid dans le creux de la pierre, permit que son côté fut transpercé; ainsi pourrai-je pénétrer dans le lieu du tabernacle admirable. O homme, entre dans la pierre ; il a permis que son côté fût ouvert, pour que tu puisses te conformer aux sentiments de son Cœur ; là tu seras en sûreté et tu seras comblé de délices » [5]. « Lève-toi, ô âme amie du Christ ; sois comme la colombe qui fait son nid dans le creux de la pierre. Quand son côté fut ouvert, Jésus répandit *le sang qui restait dans son Cœur*. Donc, réfugie-toi, maintenant et au jour du jugement, dans les creux de la pierre et dans les enfoncements de la muraille » [6]. « O Jésus aimé, par cet amour qui vous a fait venir, Dieu fait homme, sauver ce qui avait péri, cachez-moi dans le creux, dans les enfon-

---

1. Cant., II, 14.
2. *Ib.*, 4.
3. Zach., XIII, 1.
4. Isai., XII, 3.
5. B. Guerric. in Dominic. in Palmis. serm. 4, P. l. CLXXXV, 140.
6. Ludolph. Carthus. Vita Christi. Pars. II, c. LXIV, 343.

cements de la muraille, *dans votre Cœur très doux* » [1].

Second texte. — Elles sont non moins remarquables les analogies relevées entre le second texte et le Sacré Cœur, par sainte Mechtilde de Hackeborn, saint Bernard, etc.

« Souhaitez que Jésus vous fasse courir avec amour et grand désir après les parfums qui s'exhalent de son très doux et très noble Cœur... le second parfum c'est son précieux sang qu'il répand, et qui, tel qu'un vin généreux exprimé par le pressoir de la croix, avec de l'eau *coula de son Cœur* » [2]. « Les secrets *de son Cœur*, nous sont révélés par les blessures de son corps... Dieu nous les a révélés par le Saint-Esprit. J'entrerai dans *ces celliers*, j'habiterai dans la pierre » [3].

Troisième texte. — Enfin, le troisième texte, dans les écrits de saint Bonaventure, de sainte Mechtilde, etc., et dans la liturgie sacrée, contribue admirablement à l'ornement de notre dévotion.

« Pour toutes mes négligences et pour racheter tout ce que j'ai perdu, *je salue votre Cœur*, Seigneur, dans la divine bonté, parce qu'il est *la source* et l'origine de tout bien... je salue votre *Cœur*, Seigneur, dans l'affluence de toute grâce qui a été, qui est et qui sera accordée à tous les saints et aux âmes qui seront sauvées. Je salue *cette fontaine salutaire* de votre doux *Cœur*, qui si fréquemment s'est débordée dans mon âme, et l'a enivrée du torrent de vos divines délices » [4]. « Par une disposition divine, un soldat, d'un coup de lance a ouvert son côté sacré, pour que, avec l'eau et le sang, fut répandu le prix de notre salut, *issu de la mystérieuse source de son Cœur*... Donc, va, ô âme aimée du Christ, approche de cette blessure pour puiser des *eaux des fontaines du Sauveur* » [5]. « Que cette ardeur ineffable de

---

1. Sta Gertrud. Exercitia spiritual., p. 628, éditio Solesm., 1875. Oudin, Paris.
2. Sta Mechtild. Liber gratiæ specialis, Pars, III, c. XXV, 229.
3. S. Bernard., Serm. 61, super Cant.
4. Sta Mechtild., *op. cit.* Pars III, c. 8.
5. S. Bonaventura. De ligno vitæ.

votre amour pour nous, brûle toujours dans votre *Cœur* ; qu'à *cette fontaine* tous les peuples puisent la grâce du salut » [1].

Ces explications des grands écrivains et des célèbres auteurs mystiques que nous venons de présenter, prouvent-elles que le culte du Sacré-Cœur était indiqué, prophétisé, dans le sens spirituel des textes cités de l'Ancien Testament ? Non, car dans ces explications il s'agit de sens accommodatice et d'apologie, mais nullement d'exégèse proprement dite.

Il est nécessaire de faire remarquer que ce n'est pas de ces allégories et rapprochements, que le culte du Sacré-Cœur est né ; au contraire, c'est seulement après que ce culte fut inauguré, que ces rapprochements eurent lieu.

Enfin, pour terminer cette revue, examinons ce texte d'Origène, dont on se sert à tort, en faveur de l'ancienneté du culte du Sacré-Cœur, faute de l'avoir collationné avec l'ensemble du commentaire de ce grand docteur. On lit donc : « *appuyée sur son bien aimé*, c'est-à-dire, reposant sur sa poitrine, et en particulier, il est dit, de l'âme épouse, et du Verbe, que celle-là repose sur la poitrine de celui-ci, parce que dans la poitrine réside le principal de notre cœur » [2]. Là, en effet, il n'est pas question du cœur physique, et Origène, ne parle que du cœur figuré. Mais écoutons-le, plutôt. « Remarquons que dans les divines Écritures, ce que l'on entend principalement par : le *cœur*, porte des noms divers, dont on se sert selon les circonstances. Parfois, on l'appelle *cœur* : *Bienheureux ceux qui ont le cœur pur*, et : *on croit de cœur pour être justifié*. Dans un festin, d'après l'ordre et la disposition des convives, on l'appelle, ou *sein*, ou *poitrine*, comme saint Jean le relate dans l'Évangile. Là en effet, il est certain que Jean reposa sur ce qui est principal dans le Cœur de Jésus, *in principali Cordis Jesu*, pour y scruter les trésors de la sagesse et de la science cachés en Jésus-

1. II, Vesp. Officii commun, S. Cordis Jesu.
2. Origen. in Cant. P. G.-l. XIII, 43.

Christ. Je ne crois pas qu'il soit inconvenant de nommer le sein du Christ pour signifier les *saints dogmes*. Donc, comme nous le disions, ce qui surtout est le cœur, est désigné de diverses manières, dans les saintes Écritures. D'après cela, par conséquent, même dans ce passage, puisqu'il y est question du drame de la dilection ; par le mot *sein* (in uberibus) nous entendrons, *principale cordis*, ce qui est principal dans le cœur » [1], c'est-à-dire la charité.

Honorius d'Autun, surnommé le solitaire, ne s'explique pas autrement ; c'est qu'il était en retard sur la dévotion au Sacré-Cœur. « Par le *cœur*, dit-il, c'est l'*amour* que l'on entend, lequel, paraît-il, est dans le cœur, de sorte que le nom de ce qui contient sert à désigner ce qui est contenu. C'est dans ce sens que le Christ a été blessé sur la croix par son amour pour l'Église. D'abord, vous avez blessé mon *cœur*, lorsque à cause de votre amour j'ai été *flagellé*, pour vous faire ma sœur... de nouveau vous avez blessé mon *cœur* quand par amour pour vous, attaché à la croix, j'ai été blessé pour vous faire ma cohéritière dans mon royaume » [2].

Donc, pendant les onze premiers siècles du christianisme, il n'est pas question du cœur physique, dans l'interprétation de l'Écriture sainte de l'Ancien Testament, et par suite, il n'y est pas question non plus, de culte envers le Sacré Cœur ; il n'y a pas de texte dans l'Ancien Testament qui en contienne les éléments nécessaires.

« *L'élément spirituel* de la dévolion au Sacré-Cœur dit l'abbé Thomas, est bien nettement marqué dans la préparation évangélique. Je ne parle point de *l'objet sensible*, c'est-à-dire du Cœur sacré. S'il est compris dans le culte primitif, ce n'est que d'une manière purement intellectuelle et par un effort de notre volonté. Or, cela ne suffit point pour qu'il ait reçu des anciens une vénération spéciale. » Puis parlant de l'Ancien Testament en général, il ajoute :

---

1. Origen. in Cant., *op. cit.*, 87.
2. Honorius Augustodun. in Cant. P. l. CLXXII, 419.

« Si l'on essayait de faire remonter ce culte, dans sa forme actuelle, à une époque où l'on n'en soupçonnait par l'existence, la méprise serait grande »[1].

Ce que l'on y trouve, c'est le culte du cœur figuré, la forme la plus ancienne du culte improprement dit, du Sacré-Cœur. Le culte du cœur figuré est celui du bienfaiteur en général, c'est-à-dire, de sa charité, de sa bonté dans les actes qu'elle a produits ; et finalement en l'honneur de sa personne, à laquelle ces faits sont attribués. Il date par conséquent, de la connaissance du bienfait. Or, Notre-Seigneur Jésus-Christ est le grand bienfaiteur universel, le seul bienfaiteur, dans le même sens que, *Dieu seul est bon*, comme Jésus lui-même le disait (au jeune homme qui l'interrogeait) : Pourquoi m'interroges-tu sur le bien ? Pourquoi m'appelles-tu bon ? Il n'y a de bon que Dieu seul (Matth., XIX, 17). Il est le créateur du genre humain, comme Dieu ; et comme Dieu fait homme, il en est le Rédempteur, Donc, le culte de son cœur métaphorique, c'est-à-dire de son amour, date du père du genre humain, qui le premier s'est reconnu essentiellement dépendant de la puissance créatrice du Sauveur des hommes, et redevable envers lui, de sa rédemption. Ce culte ou croyance, qui l'avait affranchi de sa faute [2] Adam la transmit à ses descendants ; elle se maintînt jusqu'à l'avènement de Celui qui en était l'objet (malgré les mythes plus ou moins capricieux qui en dénaturaient les données et la notion), parmi l'élite morale des enfants d'Adam, très rare, hélas : 1° par la promesse faite au père des croyants, fondateur de l'ancien peuple de Dieu, et à ses descendants Isaac, Jacob, etc., etc. que le Désiré des nations naîtrait de leur race ; et 2° par les innombrables prophéties, qui jusqu'aux approches de son avènement, précisèrent toutes les circonstances de l'œuvre de la rédemption du monde, qu'il devait accomplir.

---

1. J. Thomas, *Théorie de la dévotion au Sacré-Cœur*, etc. 46 seqq.
2. Sap., x, 2.

Note ou qualification théologique de cet ancien culte.

En Jésus-Christ tout ce qui appartient essentiellement à sa personne est digne du culte de latrie. Pourtant, il convient de remarquer, que l'humanité n'est pas adorable par elle-même, mais uniquement par la dignité divine que lui communique le Verbe, uni substantiellement à elle. Pour exprimer ces vérités, on dit que, à l'humanité est dû un culte de latrie absolu, mais secondaire; absolu parce qu'il se termine en elle unie au Verbe ; secondaire, parce que la raison, le motif formel de ce culte, n'est pas tiré de cet humanité, en tant qu'humanité, mais, en tant qu'unie substantiellement à la personne divine; la personne de Jésus-Christ est cette humanité, non point *par*, mais *avec* cette humanité, et, celle-ci dans ce sens fait partie de la personne de Jésus-Christ.

Le culte *relatif*, n'est donné qu'à une chose séparée de la personne, à cause de la dignité que lui a communiqué la personne divine ou humaine, à laquelle elle a servi ou qu'elle représente, etc. : ainsi on rend à la croix, par exemple, ou aux images de Notre-Seigneur, un culte de latrie à cause des raisons que nous venons d'indiquer. Les démonstrations latreutiques extérieures se terminent à la croix ou aux images de Jésus, mais, l'acte intérieur tend à la personne que la croix ou l'image représentent. Ce culte de latrie n'est ni principalement, ni secondairement absolu ; il est purement *respectif* ou *relatif*. Le culte de latrie absolu principal, convient seulement à la divinité et aux personnes divines parce qu'elles ont en elles-mêmes le motif formel de l'adoration.

Le culte du cœur figuré de Notre-Seigneur, c'est le culte de son amour manifesté dans ses actes, dans ses bienfaits. L'amour, la bonté de Jésus produisant ces actes, et la divine personne à laquelle ils sont attribués, sont à la fois l'objet matériel et l'objet formel de ce culte. Or comme l'amour aussi bien que la personne sont divins, ce culte est un culte de latrie principal. Quant au culte de l'amour créé de la volonté humaine en Jésus-Christ, dont l'hommage lui est rendu par le même acte qui honore son amour incréé, c'est un culte de latrie absolu, mais secondaire. Il est l'objet matériel du culte de latrie à cause de son union substantielle avec la personne divine de Jésus-Christ. Cette personne et sa divinité en sont l'objet matériel et formel, c'est-à-dire, le motif de ce culte suprême à cause de leur dignité infinie.

Le culte de l'amour et de la bonté du Messie promis, fut un culte de latrie absolu, chez Adam (car Adam eut la prescience de l'Incarnation du Fils [1]. et ses plus immédiats descendants. Pour les gens simples et ignorants, mais justes, ce fut un culte, au moins implicitement, divin, dans tous les temps qui précédèrent l'avènement du Sauveur. Mais quelques siècles après la création de l'homme, ces précieuses vérités disparurent presque totalement sous les ténèbres de l'erreur ; et le riche trésor de la tradition primitive fut presque entièrement emporté par le torrent de l'universelle corruption. Les vrais adorateurs du Messie durent être très clairsemés, car toute chair, comme dit l'Écriture avait corrompu sa voie, et seul, Noé fut trouvé juste devant Dieu.

Il se produisit un renouvellement dans l'esprit de foi, après le déluge ; mais il ne tarda pas à se relacher et à céder à l'idolatrie. Aux époques les plus florissantes des anciennes civilisations, en dehors du peuple de Dieu, des lambeaux des primitives promesses, travestis sous des fables humaines, indignes de la divinité, étaient les sujets sur lesquels s'exerçait l'esprit des pseudophilosophes et surtout des pseudothéologiens du paganisme.

Cependant depuis Abraham jusqu'au Christ les communications de Dieu avec son peuple, devenant plus fréquentes, et ses enseignements plus distincts, le culte latreutique du futur Messie vit s'accroître le

---

1. S. Thom., 2ª 2ª q. 2, a. 7, et 3ª q. 1, a. 3.

nombre de ses fidèles. Mais ce n'était pas là, le culte du Sacré-Cœur ; il n'est pas dans les livres de l'ancienne alliance ; est-il dans les pages du Nouveau Testament ? C'est ce que nous devons examiner.

LE CULTE DU SACRÉ CŒUR

ET LE NOUVEAU TESTAMENT

La dévotion au Sacré Cœur de Jésus n'est pas révélée dans le Nouveau Testament quoiqu'elle paraisse y être exprimée, dans trois textes, principalement. Ces trois textes principaux sont : 1° « Apprenez de moi que je suis *doux et humble de cœur*, et vous trouverez le repos de vos âmes » [1].

2° « Mais l'un d'eux que Jésus aimait, étant couché *sur le sein de Jésus*, in *sinu* Jesu, Simon Pierre lui fit signe de s'enquérir qui était celui dont Jésus parlait. Ce disciple se reposant donc *sur le sein de Jésus*, supra *pectus* Jesu, lui dit : Seigneur qui estce ? » [2].

3° « Puis (les soldats) étant venus à Jésus, et voyant qu'il était déjà mort, ils ne lui rompirent point les jambes ; mais un des soldats lui *ouvrit le côté* avec une lance, et il en sortit aussitôt du sang et de l'eau » [3].

Quant au premier texte, en bonne critique, on ne peut y voir autre chose que le cœur figuré, ou la volonté aimant habituellement la douceur et l'humilité : *Cor mite et humile*, c'est la volonté possédant les vertus de douceur et d'humilité ; mais du cœur réel, il n'y en a pas trace.

Dans le deuxième texte, nous avons, il est vrai, l'image et le tableau de l'amour du fidèle, répondant à l'amour de Jésus. Jusque là c'est le cœur figuré. D'autre part, *pectus*, *sinus*, ne sont pas le cœur physique, et par conséquent, le cœur matériel n'est pas exprimé.

---

1. Matth., XI, 29.
2. Joann., XIII, 23-4, 5.
3. Joann., XIX, 33-4.

Enfin, à la simple lecture du troisième texte, on peut supposer que le cœur a été atteint, mais il n'est pas expressément nommé. Cette blessure sera en réalité, la voie providentielle qui nous introduira jusqu'au cœur, ouvert par le même coup de lance, pour en faire éclore notre dévotion, mais en attendant, du Cœur de Jésus, il n'en est pas fait mention. Donc par le Nouveau Testament, on ne peut rien conclure en faveur de ce culte divin.

A défaut d'éléments suffisants pour la dévotion au Sacré-Cœur dans le sens littéral de l'Écriture sainte du Nouveau Testament, les commentaires ou traités des saints Pères, nous donneront-ils, sur cette même dévotion quelque chose de plus explicite et de plus complet ? A cette fin, l'Écriture sainte, dans les textes que nous avons produits, ou dans d'autres semblables, a-t-elle un second sens, le sens spirituel, comme cela a lieu parfois, surtout dans l'Ancien Testament qui n'était que la figure du Nouveau ?

Et la liturgie sacrée, c'est-à-dire, la partie orale du culte publié du Sacré-Cœur, est-elle dans certains endroits, par l'adoption de certains textes, la déclaration officielle de ce sens spirituel qui, certainement dès lors existerait dans les saints Livres ?

Nous répondons d'abord, au sujet du sens spirituel, que ce point n'a guère été étudié par les auteurs qui ont écrit sur cette dévotion. Néanmoins, M. l'abbé Jules Thomas [1] admet relativement au Sacré-Cœur le sens spirituel dans le Nouveau Testament. Cette opinion nous paraît peu probable, les saints Pères n'ont jamais vu dans les dits textes, autre chose que la charité du Sauveur.

En effet, le premier texte, « *doux et humble de cœur* » de saint Matthieu, les saints Pères l'entendent toujours *dans le sens littéral* pour la volonté et les vertus de Jésus, ou en d'autres termes, pour le cœur métaphorique, et jamais *dans le sens spirituel*, pour le cœur, soit matériel soit symbolique.

Par exemple : « *Apprenez de moi que je suis doux*

---

1. L'abbé J. Thomas, *op. cit.*, 53.

etc.. » c'est à dire que : « *la clémence* est la mère de tous les biens », ajoute saint Chrysostôme [1]. Saint Augustin trouve dans cette humilité du Sauveur, un remède à notre orgueil : « O Maître, dit-il, et Seigneur des mortels, auxquels leur propre *orgueil*, tel qu'une potion empoisonnée, a présenté et inoculé la mort [2] !

Parfois même, ils interprètent le reste du verset, sans s'arrêter sur ces mots : *doux et humble de cœur*. Tels entre autres, dans leurs commentaires sur saint Matthieu en cet endroit (xi, 29), les saints docteurs Cyrille d'Alexandrie, Jérôme, Hilaire, Bède le vénérable, etc.

Pour le deuxième texte, nous ne pouvons que répéter ce que nous disions du premier ; il s'agit toujours du sens littéral. « *Ce disciple se reposant donc sur le sein de Jésus*, c'est là en réalité, dit saint Bède le vénérable, dans cette *poitrine*, la retraite, le séjour de la sagesse [3]. » Et le pape saint Gélase I, « dans le banquet de la cène mystique, l'évangéliste saint Jean avait puisé à la source éternelle de la vie, la céleste doctrine dont les flots coulent incessamment. Il s'y pénétra de ces profondes et mystérieuses révélations qui l'élèvent au-dessus des choses créées dans les hautes sphères où il contempla et annonça : « le Verbe qui était au commencement, qui était en Dieu et qui était Dieu [4]. »

Avant de passer au troisième texte (Joan., xix, 33-34), remarquons que, l'adoption ou le choix fait par l'Eglise, dans la liturgie d'une fête ou d'un mystère, d'un texte de l'Écriture, n'est pas la déclaration tacite, ou formelle, que ce texte dans le sens spirituel contienne l'annonce, le sens complet, ou les éléments dudit mystère. Ces textes dans les différents offices et messes du Sacré-Cœur signifient tout simplement le principal élément de ce mystère, la charité du Fils de Dieu, et nullement son symbole.

---

1. S. Chrysost. homil. 38, in Matth.
2. S. August. Lib. de sancta virginitate, c. xxxv.
3. S. Beda in S. Joann. evangel. xiii, 23-5, P. l., xcii, 810.
4. Præfatio Gelasiana, P. l., cxxi, 885.

Nous devons faire une exception pour le dernier passage, celui de l'Evangile de saint Jean que nous avons déjà signalé, parce que, s'il n'exprime pas formellement la synthèse de notre culte, il en indique l'élément matériel, celui qui donne le nom à la fête et à la dévotion. Mais de très longs siècles devront s'écouler, avant qu'il soit donné à l'Église, de franchir le seuil du Temple saint de Dieu, et d'arriver jusqu'au Tabernacle du Très-Haut et de l'ineffable charité. Pendant cette longue attente, elle se réfugiera dans le côté ouvert du Sauveur, où, sans toutefois s'introduire jusqu'au Cœur, semblable à la colombe, elle fera son nid.

Dans la plaie de ce divin côté ouvert, d'où coulèrent le sang et l'eau, les chrétiens de ces premiers siècles, et l'élite des écrivains ecclésiastiques, en particulier, voyaient réalisées les allégories primitives et les anciens symboles : l'ouverture de ce divin côté était comme le bris, la levée des scellés du livre de vie, et la clé des sublimes mystères. C'est toujours le divin côté, à l'exclusion (négative) du cœur, qui est l'objet de leurs ardentes méditations, de leurs éloquentes homélies, et de leurs savants commentaires. Toujours dans la brèche ouverte dans le mur de ce temple de Dieu par excellence, jamais dans le Cœur, au moins explicitement, les saints Pères et les saints docteurs de l'Église, saluaient la source de toutes les grâces, spécialement de celles qui font les martyrs, et des sacrements, en particulier des deux baptêmes, d'eau et de sang, et de l'Eucharistie ; la réalisation du mystère dont le côté d'Adam, d'où fut formée la première femme, pendant son sommeil — fut la figure, etc. etc. Citons quelques exemples.

« Ce n'est pas ailleurs, mais au côté d'où coulèrent le sang et l'eau, qu'il fut transpercé, afin que, de même que d'abord par la femme formée du côté, était venue la chute ; ainsi par le côté du second Adam, fut opérée la Rédemption et la purification du premier : la rédemption par le sang ; la purification par l'eau » [1].

---

1. S. Athanas. homil. in Passion. et Crucem Domini, n. 25.

Ils ouvrirent son côté avec une lance, dit saint Chrysostome, et il en sortit du sang et de l'eau... par ces deux éléments l'Église a été constituée. Les initiés ne l'ignorent pas, car, régénérés par l'eau, ils sont nourris par le sang et par la chair. C'est là que les mystères ont leur origine, et chaque fois que vous participez à l'admirable calice, approchez-vous comme si vous alliez puiser au côté même du Sauveur » [1].

Comme saint Chrysostôme, saint Augustin reconnaît dans le côté ouvert du divin Crucifié, l'origine des sacrements, etc... : *l'un des soldats ouvrit son côté avec une lance, et aussitôt il en sortit du sang et de l'eau...* afin que la porte de la vie fût ouverte, à l'endroit d'où sortirent les sacrements sans lesquels on n'entre point dans la vie qui est la vraie vie. Ce sang qui fut répandu, fut répandu pour la rémission des péchés : cette eau est mêlée au calice du salut » [2]. « Afin de nous appeler à lui par l'eau du baptême et de nous rendre dignes de nous désaltérer au calice de son sang, Jésus-Christ a ouvert ces deux sources dans la blessure de son côté transpercé. Ceux qui croiront à la vertu de son sang, seront régénérés par l'eau, et régénérés, ils recevront son sang qui est un breuvage » [3]. Enfin la même idée se trouve dans saint Jérôme : « Le côté du Christ est ouvert avec une lance : c'est l'institution de ces deux mytères : le baptême et le martyre » [4]. Terminons par ce dernier trait : de même que le premier Adam est le père du genre humain, et que, de son côté fut formée la première femme son épouse ; ainsi, Jésus-Christ, le second Adam est le *père du siècle futur*, et de son côté sera formée l'Église son épouse. C'est l'interprétation unanime des Saints Pères. « C'est pour cela (parce que le côté du Christ devait être ouvert par la lance) que la première femme a été faite du côté du premier homme pendant son

1. S. Chrysost. homil. 85 (olim 54).
2. S. August. Tractat. 120 in Joann.
3. Tertull. de baptismo, c. IX.
4. S. Hieronym. Epist. 83, ad Oceanum.

sommeil, et elle fut appelée, la vie et la mère des vivants ; elle était la signification d'un grand bien, avant le grand mal de la prévarication. Ce second Adam, ayant incliné la tête s'endormit sur la croix, pour que durant son sommeil, l'Église son épouse fût formée de son côté. O mort par laquelle les morts reviennent à la vie ! Qu'y a-t-il de plus salutaire que cette blessure »[1] ! Au chapitre LI, 1-2 d'Isaïe, il est écrit : « Ecoutez-moi, vous qui suivez la justice et qui cherchez le Seigneur : rappelez dans votre esprit cette roche dont vous avez été taillés, et cette carrière profonde dont vous avez été tirés. Jetez les yeux sur Abraham votre père et sur Sara qui vous a enfantés ; et considérez que l'ayant appelé lorsqu'il était seul, je l'ai béni et je l'ai multiplié. » Sur ces paroles saint Jérôme écrit le commentaire suivant : « D'après les Septante, il est dit à ceux qui persécutent la justice, de regarder cette pierre très solide qu'ils taillèrent, et la fosse de la carrière qu'ils creusèrent, c'est-à-dire, le Seigneur qui est le Sauveur dont parle l'Apôtre : *la pierre était le Christ* (I Cor., X, 4) ; car ils lui transpercèrent le côté avec une lance, et il en sortit du sang et de l'eau... et il est appelé Abraham, c'est-à-dire, père d'une multitude de peuples »[2]. Et dans son commentaire sur saint Jean il ajoute : « De même qu'Ève fut tirée du côté d'Adam, ainsi du côté du Christ est sortie la rédemption de l'Église : le sang c'est la rémission des péchés, l'eau le baptême »[3].

« Ce fut par un soin providentiel, que la divine Sagesse fit jaillir de son côté le sang et l'eau, afin que, d'où la femme, qui trompa le premier Adam, fut créée, de là aussi l'Église fût formée, le Christ ayant effacé ses péchés sur la croix »[4].

Ces témoignages suffisent : partout c'est le côté qui est nommé, nulle part le cœur. Par conséquent,

---

1. S. August. Tract. 120 in Joann., XIX, 2.
2. S. Hieronym. in Isai., XIV, c. 51, P. l. XXIV, 483.
3. S. Hieronym. in Joann., P. l. XXX, 587.
4. S. Paschasius Radbertus. Liber de Corpore et Sanguine Domini, c. XI, n. 2, P. l. CXX, 1308.

nous ne pouvons pas admettre les traductions des saints Pères faites par des auteurs très pieux et très éloquents d'ailleurs, par lesquelles, en substituant le mot *cœur*, aux mots : côté, poitrine, sein, etc., ils donnent aux passages qu'ils présentent, un sens explicite qu'ils n'ont pas, et qui prête à ces anciens écrivains, envers le Cœur symbolique, une conception, des assertions, et des sentiments qu'ils ne rejettent certainement pas, mais qu'ils ne manifestent pas davantage et dont ils ne donnent jamais la preuve, du moins explicitement.

Ne s'en tenant pas aux secrets desseins de la providence, ces auteurs modernes, pour rendre notre dévotion plus vénérable par son ancienneté, (ils la font aussi ancienne que l'Église ; quelques-uns même la font remonter au berceau du genre humain) ces auteurs modernes produisent même des textes sans portée ou apocryphes.

Par exemple, ils prêtent à saint Augustin, dans ce qu'ils appellent son *Manuel*, le langage suivant : « Les secrets du Cœur de Jésus, me sont manifestés par les blessures corporelles ; le grand dessein de la divine piété m'est découvert ainsi que les entrailles de la miséricorde de notre Dieu, etc. » Or ce livre n'est pas de saint Augustin ; c'est une compilation tirée de plusieurs auteurs, postérieurs de quelque sept cents ans à ce grand docteur. D'autres ont apporté, comme étant de ce *Manuel*, des paroles qui ne se trouvent dans aucune édition des œuvres de saint Augustin; comme celles-ci : « Que tout peuple, que toute langue professe et dise : Aimons, aimons toujours le Cœur du très doux Jésus »[1].

Nous lisons aussi comme favorable au Sacré-Cœur le texte suivant : « J'ai vu, dit la Sainte Vierge, l'un des soldats qui avaient brisé les jambes des deux voleurs crucifiés avec Jésus, diriger sa lance vers le Cœur de mon Fils. » — Tragœdia, *Christus patiens.* Nilles, op. cit., I, 52. — Dans l'édition de Migne, au lieu de *cor*, il y a *pectus* : poitrine ; et dans l'original

1. Nilles, *op. cit.*, I, 432.

grec on lit : ἧπαρ : foie, en poésie : cœur, poitrine [1]. Or ce texte, attribué à saint Grégoire de Nazianze, est apocryphe. Tel est l'avis de Tillemont, Dupin, Baillet, etc., etc [2]. Cette tragédie aurait pour auteur un évêque d'Antioche du nom de Grégoire, vers l'an 572 ; ou plutôt, elle serait de Théodore Prodromus (douzième siècle).

Les paroles en question, bien qu'elles frayent la voie vers notre culte, ne sont pourtant pas le témoignage d'une dévotion dont aucune manifestation n'apparaît dans ces anciens temps. Nous faisons la même réponse aux deux citations suivantes, l'une de saint Justin le philosophe ; l'autre de Prudentius. « Il répandit une sueur semblable à des gouttes de sang ; son Cœur et ses os furent saisis de tremblement, et son *Cœur* ressembla à de la cire qui se fond ; afin que nous apprenions que le Père a voulu que son Fils fût sujet à ces douloureuses épreuves » [3]. « Transpercé d'un côté à l'autre, le Christ répandit de sa blessure, du sang et de l'eau. Le sang c'est la victoire ; l'eau le baptême » [4]. Là aussi il y a *latus* et non pas *cœur*.

Pour terminer cette revue, longue mais nécessaire, nous dirons un mot en passant, sur deux textes grecs, qui ne prouvent pas mieux que les précédents, l'existence de ce culte, pour l'époque où ils furent écrits.

Le premier est tiré de la relation du martyre de saint Sanctus, diacre de Lyon, vers 178. L'auteur explique l'invincible constance, la joie même du jeune héros chrétien en ces termes : C'est que, dit-il, il était arrosé et fortifié par la source céleste de cette eau vive qui coule du *côté* du Christ » [5]. N'y a-t-il pas là une accommodation hâtive du texte :

---

1. P. G.-l. XXXVIII, 221, vers. 1074.
2. P. G.-l., *op. cit.*, 132.
3. S. Justinus Martyr. Dialog. cum Tryphone, P. G.-l., VI, 718.
4. Prudent, Dittochæum, n. 42, P. l. LX, 108.
5. Eusebius Cæsariensis, Historia ecclesiastica, lib. V, P. G.-L., XX, 417-8.

« Vous puiserez avec joie des eaux des fontaines du Sauveur » (Isaïe, XII, 3), réalisé par le sang et l'eau qui coulèrent du côté ouvert de Jésus, et qui à leur tour sont la figure de toutes les grâces ? L'historien allemand Néander (Hist. ecclesiast.) a cru pouvoir traduire νηδύς par *cœur*, malgré que ce mot ne soit pris nulle part dans ce sens. νηδύς dans la traduction latine donnée par Migne parallèlement au grec est rendu comme il suit : « Et membra quidem Sancti adurebantur : ipse vero rectus atque inconcussus, firmis vestigiis in confessione perstitit, utpote cælesti fonte aquæ quæ ex ventre Christi profluit, perfusus firmatusque ». Il persévéra inébranlable parce qu'il était désaltéré et réconforté par le courant céleste de ces eaux vives dont Jésus-Christ est la source.

Le second monument est l'*inscription d'Aschandius*, sur lequel Le Blant nous donne les détails suivants : « Le polyandre de Saint-Pierre-l'Estrier où ce monument a été découvert le 25 juin 1839 (par Mgr d'Héricourt et par M. l'abbé Devoucoux), servait de sépulture aux gentils avant de devenir cimetière chrétien »[1]. Les cinq premiers vers de cette inscription lapidaire (elle en contient onze) sont en acrostiche, formant le mot grec ΙΧΘΥΣ : poisson ; et ses cinq lettres sont les initiales des cinq grands titres de Jésus-Christ : Ι=ΙΗΣΟΥΣ ; Χ=ΧΡΙΣΤΟΣ ; Θ=ΘΕΟΥ ; Υ=ΥΙΟΣ ; Σ=ΣΩΤΗΡ, dont l'équivalent est : Jésus-Christ Fils de Dieu, Sauveur. Les chrétiens des premiers âges se servaient de ce mot comme moyen secret pour se reconnaître. Les deux premiers vers de cette pierre tombale, les seuls intéressants pour notre sujet, sont ainsi conçus :

ΙΧΘΥΟΣ ΟΥΡΑΝΙΟΥ ΘΕΙΟΝ ΓΕΝΟΣ ΗΤΟΡΙ ΣΗΜΝΩ
ΧΡΗΣΕ ΛΑΒΩΝ ΖΩΗΝ ΑΜΒΡΟΤΟΝ ΕΝ ΒΡΟΤΕΟΙΣ

M. Le Blant, loc. cit., p. 10 et 11, donne la traduction suivante des cinq vers de l'acrostiche ΙΧΘΥΣ, empruntée à M. Fr. Lenormant : « O race divine de l'ΙΧΘΥΣ céleste, reçois avec un cœur plein de res-

---

1. E. Le Blant. Inscriptions chrétiennes de la Gaule, t. I, p. 9. seqq. Paris, 1856.

pect, la vie immortelle parmi les mortels ; rajeunis ton âme, ô mon ami, dans les eaux divines, par les flots éternels de la sagesse qui donne les trésors. Reçois l'aliment doux comme le miel, du Sauveur des saints. Prends, mange et bois, tu tiens l'ΙΧΘΥΣ dans tes mains. » Comme on le voit, à s'en tenir à cette traduction, on ne peut en rien se réclamer de cette inscription en faveur du culte du Sacré-Cœur. La traduction, que nous adoptons très volontiers, serait en apparence plus favorable au but poursuivi, mais elle n'a, sous ce rapport, aucune valeur. Elle est du R. P. Fidel Fita, S. J. de l'Académie espagnole et de celle d'Archéologie de Berlin. Sa version latine est celle-ci : « Divinum genus ! utere augusto Corde Piscis cælestis, suscipiens vitam immortalem in mortalibus »[1] en français : Race divine ! prens le Cœur auguste du céleste Poisson, recevant ainsi l'immortelle vie en ta mortelle existence.

A notre avis, voici sa signification. Puisque poisson il y a, l'inscription paraît faire allusion au poisson de Tobie. « Saisis ce poisson, et attire-le sur le rivage, dit l'archange Raphaël au jeune Tobie au sujet de cet énorme poisson prêt à dévorer celui-ci : attire-le à toi, retires-en le *cœur*... car il est nécessaire pour des remèdes très utiles. » (Tob., VI, 5.)

L'inscription donc, professe et transmet à la postérité, en caractères gravés dans le marbre, le mystère de la transsubstantiation du pain et du vin au corps et au sang du Fils de l'homme, pour être donnés en aliment à nos âmes. ΧΡΗΣΕ, dit-elle, prends, reçois la vie immortelle dans ta mortelle existence. Et, comme *poisson il y a*, nous le répétons, elle est bien aise d'affirmer sa foi, sans la dévoiler aux infidèles, par l'énigme de l'ΙΧΘΥΣ. C'était le *cœur* du poisson de Tobie qui était le remède efficace ; l'inscription s'empare de ce terme, *cœur*, et, par synecdoque, exprimant seulement la partie pour le tout, elle dit : Race divine ! prends le *cœur* auguste du céleste poisson, etc.

---

1. Martorell et Castella, S. J., Theses de cultu S. Cordis, p. 29.

M. Le Blant ajoute, ibid., p. 14 : « Le P. Secchi est d'accord avec le savant dom Pitra (cardinal) pour faire remonter le vénérable monument d'Aschandius au commencement du troisième siècle. M. Fr. Le Normant le place à la fin de ce siècle ou au commencement du quatrième, en réservant l'antiquité du petit poëme acrostiche, qu'il attribue avec raison aux premiers temps chrétiens. »

De tout ce qui précède, il me semble que l'on peut tirer cette conclusion : Rien dans l'Écriture sainte ; rien dans l'iconographie chrétienne (ce point nous le traiterons plus loin) ; rien dans les écrivains ecclésiastiques antérieurs à la fin du onzième siècle, ou au commencement du douzième, ne nous autorise à affirmer que, avant ces époques, la dévotion envers le Cœur symbolique de Jésus ait existé.

Quelle est donc la date de la naissance de ce culte qui, en quelque sorte, est l'ultime effort et l'ultime ressource de l'amour du très doux Rédempteur du genre humain, pour retirer doucement et efficacement les hommes de la voie de la perdition, et les diriger par celle qui conduit à la vie éternelle ? Quelles sont les données qui nous autoriseront à fixer cette date, par leur collectivité synchronique, et leur continuité non seulement sans intermittence, mais avec des accroissements toujours plus accentués et plus étendus ? C'est ce que nous allons essayer d'élucider.

COMMENCEMENTS DU CULTE PRIVÉ

DU SACRÉ-CŒUR

Dans cette question des origines dont nous nous occupons, *qui se perdent si avant dans la nuit des temps*, il serait difficile d'attribuer d'une manière exclusive, la priorité à tel personnage plutôt qu'à tel autre. Il est même probable que plusieurs orateurs et plusieurs écrivains dont les œuvres ne sont pas, peut-être, parvenues jusqu'à nous, et même de simples fidèles, qui n'ont ni prêché ni écrit, aient, en même temps et en des lieux différents, par une commune inspiration du Saint-Esprit, inauguré le culte privé, proprement dit, du Sacré Cœur de Jésus.

M. l'abbé J. Thomas (op. cit., 83) semble donner la priorité à saint Anselme † 1109, au cardinal Drogon, ou Druon, † 1138, et même à saint Pierre Damien, † 1072.

Pour saint Anselme il fonde son opinion sur ces paroles, tirées d'après sa citation, de la 8e. leçon de l'office approuvé pour l'octave du Sacré-Cœur, pour l'Amérique (Ex sermone de Pass. Domini apud Nilles, op. cit., II, 195, ve édition) : « O pietas Cordis ! o bone Jesu ! etc... » O tendresse du cœur ! ô bon et doux Jésus ! etc... » D'après le Ms. n. 1697 bibliothecæ regiæ cité par Migne, on devrait lire : « O pietas mortis ! o bone Jesu... » etc. [1] Or vérification faite sur le manuscrit qui porte maintenant le no 2688, on lit : « O pietas morientis ! o bone Jesu, etc., » et le contexte exige cette rédaction. De plus le texte est apocryphe. Donc cet argument est nul.

On dirait parfois que ce pieux docteur appréhende, par crainte d'innovation, de nommer le cœur, là où cette expression serait employée par tout dé-

---

1. P. l. CLVIII, 675.

vot du Sacré-Cœur. Exemple : Meditatio I. : « Qu'il en soit ainsi dans la conversation de l'époux et de l'épouse : que je lui ouvre mon cœur, et qu'il me révèle la source mystérieuse de sa douceur, « dulcedinis secreta »[1]. Pourquoi pas : son cœur ?

Medit. XII : « De son côté, il répandit du sang pour moi, et de sa poitrine, il répandit de l'eau »[2]. Le texte dit : *de visceribus*. Le cœur est bien un viscère ; donc pourquoi pas *de corde*, du cœur ?

Medit. XV : « Alors l'un des soldats avec sa lance lui transperça le côté. » (Joan., XIX, 34). Il y a pour toi une source dans la pierre, des blessures dans ses membres, dans son corps le mur, la caverne, etc. »[3] Des blessures, dit-il, dans ses membres, *in membris ejus*, mais il ne mentionne pas le cœur.

Néanmoins, dans l'examen approfondi que j'ai dû faire de saint Anselme, relativement au culte du Sacré Cœur, j'ai découvert le passage suivant qui peut nous représenter ce saint comme ayant probablement eu une certaine dévotion envers le Cœur de Jésus. Dans sa méditation X (ex bibliotheca Vaticana) le père de la scolastique s'exprime en ces termes : « Jésus est doux dans la transfixion de son côté ; car cette ouverture nous a révélé les richesses de sa bonté, c'est-à-dire, la charité de son Cœur pour nous »[4].

Quant à Drogon ou Druon, cardinal évêque d'Ostie, son témoignage n'est pas une preuve du culte explicite du Sacré-Cœur. « De même, dit-il, que d'une source du paradis terrestre, il en sortait quatre fleuves pour arroser ce lieu de délices ; de même de la source mystérieuse de la poitrine du Sauveur, *de pectoris ejus arcano*, il en jaillit quatre fontaines et quatre eaux différentes pour arroser l'Église dans tout l'univers »[5]. *Arcanum pectoris* est bien syno-

---

1. *Loc. cit.*, 714.
2. *Loc. cit.*, 771.
3. *Loc. cit.*, 791.
4. *Loc. cit.*, 762.
5. Drogo Cardinalis. *Liber de creatione et redemptione primi homini*, P. l. CLXVI, 1550.

nyme de cœur symbolique, mais ce mot, dans ce sens, Drogon n'ayant pratiqué qu'implicitement le culte du Sacré-Cœur, ne l'a jamais employé. Ainsi à la page 1527, op. cit. De Sacramento Dominicæ Passionis — ex bibliotheca Patrum. Lugdun., XXI, 329, — nous lisons : « Ouvrez-nous, Seigneur, ouvrez-nous l'entrée de votre côté, et introduisez-nous avec... etc. » Pourquoi ne pas nommer le cœur ? « Introduisez-nous en vous, par la porte de votre côté, c'est-à-dire, *par la foi de votre Église*, etc. » Un dévot au Sacré-Cœur écrirait au moins une fois : Introduisez-nous dans votre divin Cœur.

Sur les preuves tirées du sermon XLVIII, I. de Exaltatione S. Crucis, de saint Pierre Damien, il y a à faire les mêmes observations que sur celles de Drogon. Quant à son sermon LXIII. de S. Joan, apost. et évang., de l'avis de la récente édition de Bassano à laquelle se rallient les éditeurs de la P. l. de Migne, il est apocryphe ; il serait du moine Nicolas de Clairvaux, en dernier lieu secrétaire du comte de Champagne en 1176. Ce sermon ne contient rien de plus probant que les précédents.

Prêtons donc une oreille attentive à ce que nous disent ces heureux écrivains, qui, les premiers, par un langage plus explicite, extériorisent leurs pensées et leurs sentiments de dévotion envers le Sacré-Cœur de Jésus, et nous offrent ce que nous pourrions appeler les premières fleurs de cette dévotion. Parmi ceux dont les témoignages nous paraissent mériter un accueil favorable, trois appartiennent à la première moitié et quatre à la seconde moitié du XIIe siècle.

Nous aurions été heureux d'entendre le témoignage d'Hugues de S. Victor, mais le Traité *De anima* n'est pas de lui, et le *livre IV* de ce traité, où est contenu le texte favorable au culte du Sacré Cœur est une compilation de date et d'auteur inconnus.

« Mais, dit *Guillaume, abbé de Saint-Thierry*, † 1148, lorsque je m'empresse d'aller à lui, comme Thomas dont les désirs furent si ardents, je souhaite de bien le voir et de le toucher ; j'aspire même à m'approcher de la sacrosainte blessure de son côté,

— entrée qui fut pratiquée sur le côté de l'arche, — et à y introduire non seulement mon doigt ou ma main, mais je veux entrer tout entier *jusqu'au cœur même de Jésus*; dans le Saint des saints ; dans l'arche du Testament; jusqu'à l'urne d'or, l'âme de notre humanité qui contient en elle-même la manne de la divinité » [1].

Nous lisons *du même auteur* : « Les inscrutables richesses de votre gloire, Seigneur, étaient cachées en vous, dans le mystère de votre ciel, jusqu'à ce que le côté de votre Fils, Notre Seigneur et Rédempteur, ayant été ouvert par la lance du soldat (Joan., XIX), les sacrements de notre rédemption en sortirent; dans son côté, nous n'introduirons pas uniquement le doigt ou la main, comme Thomas (Joan., XX) mais nous pénétrerons tout entiers par l'entrée ouverte, ô Jésus, *jusqu'à votre Cœur*, siège assuré de la miséricorde, jusqu'à votre âme sainte remplie de toute la plénitude de Dieu, pleine de grâce et de vérité, de notre salut et de notre consolation. Ouvrez, Seigneur, cette porte qui a été pratiquée sur le côté de votre arche, afin que tous ceux qui vous devront leur salut, fuyant ce déluge de corruption qui inonde le monde, puissent entrer ; ouvrez-nous le côté de votre corps, pour qu'ils s'y introduisent, tous ceux qui aspirent à connaître les secrets du Fils, et qu'ils puisent là, les sacrements qui en découlent avec le prix de leur rédemption. Ouvrez cette porte de votre ciel, pour que ceux que vous avez rachetés et qui travaillent encore sur la terre où l'on meurt, voient et possèdent un jour les biens du Seigneur dans la terre des vivants : qu'ils voient et qu'ils aiment... etc. » [2]

Non moins expressif est le *bienheureux Guerric*, abbé d'Igny, † 1151 : « Bienheureux, écrit-il, celui qui pour me permettre de me réfugier dans les trous de la pierre, a voulu que ses mains, ses pieds et son

---

1. Guill. S. Theodorici, l., *De contemplando Deo*, I, 3. P. l. CLXXXIV. 368.

2. *Idem. Meditativæ orationes* Meditatio VI. P. l. CLXXX, 225.

côté fussent transpercés ; et il s'est totalement ouvert à moi, pour que je pénètre dans le lieu du tabernacle admirable. Vraiment pieux et miséricordieux il a ouvert son côté, afin que le sang de la blessure te vivifie, que la chaleur du corps te ranime et que *par cette voie* il puisse donner un libre essor aux *sentiments de son Cœur*. Là, tu te cacheras sans crainte, jusqu'à ce que soit passée l'iniquité ; là tu ne redouteras pas le froid, parce que dans les entrailles du Christ la charité ne se refroidit pas » [1].

De même que les abbés cisterciens : le bienheureux Guerric, Guillaume de Saint-Thierry et Gilbert de Holland, dont nous donnerons incessamment le témoignage, leur maître et ami *saint Bernard* † 1153, se signale par sa dévotion au Sacré-Cœur : « C'est avec confiance, affirme-t-il, que je prends dans les entrailles du Seigneur, tout ce qui manque à ma faiblesse, parce qu'elles sont la source de la miséricorde, et il y a des passages par où elle se répand. Ils percèrent ses pieds et ses mains et ils ouvrirent son côté. Le fer transperça son âme, et son Cœur s'est approché afin de pouvoir compatir à mes infirmités. Les secrets de son *Cœur* me sont révélés *par l'ouverture de son côté* ; le grand mystère de la piété nous est dévoilé ; nos yeux contemplent les entrailles de la miséricorde de notre Dieu, dans lesquelles il nous a visités se levant d'en haut [2]. »

Dans son commentaire sur le Cantique des cantiques, *Gilbert de Holland*, † 1172, exprime en ces termes son affection pour le divin Cœur : « Et quel est le cœur de notre Salomon ? Vous êtes, dit l'Apôtre, le corps et les membres du Christ (I Cor., XII, 27). Heureux, en effet, quel qu'il soit, tout membre de ce Chef, mais celui qui est son Cœur, est parmi les principaux. Et considérez s'il n'est pas le Cœur celui qui est élevé dans les secrets de Dieu, dans l'ardeur

---

1. B. Guerric. Igniacens. Sermo IV, in dominic. palmarum, n. 5. P. l. CLXXXV. 140.

2. S. Bernard. Sermo LXI, in Cant. n. 4. P. l. CLXXXIII, 1072.

vitale des affections, et dans la méditation. Ce sont les pensées et non les œuvres qui viennent du cœur (Matth., xv, 19.) A bon droit, par conséquent, il est le cœur celui qui est toujours dans les pieuses pensées, dans les trésors de la grâce, au sein de la vérité et de la sagesse, etc. Venez vous aussi, ô filles de la nouvelle Sion, et revêtez-vous des affections de ce Cœur »[1]. Et dans le trentième sermon, ibid., il ajoute : « O la chose admirable, mes frères ! N'est-elle pas bienheureuse l'âme qui par ses pieuses affections *transperce le Cœur de Notre Seigneur Jésus-Christ, et y pénètre*. Elle est vive et efficace et vraiment violente, ô bon Jésus, l'affection qui mérite et attire la vôtre ! Grande et violente est la force de la charité qui atteint les sentiments de Dieu lui-même... et qui semblable à une flèche transperce son Cœur. Blessure glorieuse d'où viennent les bienfaits. Une femme toucha le bord du vêtement de Jésus, et il sentit qu'une vertu était sortie de lui (Luc., VIII, 43), combien mieux ne sentira-t-il pas qu'une grâce est sortie de lui, lorsque son Cœur est, non pas légèrement touché, mais blessé? Cette blessure est réellement sentie : dirige donc vers elle tes regards et considère-la comme le but que les flèches de tes désirs doivent atteindre »[2].

Semblable aux précédents est le témoignage de *Richard de Saint-Victor*, † 1173. « Si nous fixons notre attention sur le Cœur du Christ, nous reconnaîtrons qu'il n'est rien de plus doux ni de plus indulgent. Rien parmi toutes les créatures n'a pu ni ne peut être plus doux que ce Cœur. Aucun cœur n'a exulté plus pleinement que ce Cœur. Après un examen approfondi, dis-moi si tu le peux, la douceur de ce Cœur, que la cruauté de la Passion n'a pu atténuer. Infiniment mieux que tous, le divin Emmanuel a eu un Cœur de chair pour compatir à

---

1. Gilbert. de Holland. Serm. XXI, in Cant. P. l. CLXXXIV, 113.

2. *Id. ibid.* Serm. XXX, 155.

nos misères ; parce que sa tendresse et ses pieuses affections ont été sans mesure » [1].

Il mérite aussi de figurer parmi les premiers initiateurs du culte du Sacré-Cœur, l'éloquent abbé bénédictin de Saint-Florin de Schonau (Trèves), *Egbert*, † 1185. Il rappelle avec une affectueuse reconnaissance, les angoisses du Cœur de Jésus à Gethsemani. « Cette sueur de sang, ô Jésus, dit-il, qui pendant votre prière tombait de votre très saint corps jusqu'à terre, indiquait très certainement les angoisses de votre Cœur,... elle nous apprend que véritablement vous avez pris sur vous nos langueurs, et que, non sans de vifs sentiments de douleur, vous avez parcouru les sentiers de la souffrance » [2].

Nous terminerons cette première et glorieuse série du onzième-douzième siècle, par le témoignage de *Pierre de Blois*, † v. 1200. « Le fer, dit-il, transperça son âme et son Cœur s'est approché, afin que les arcanes du cœur nous fussent manifestés dans son Cœur ; les blessures de son corps, nous découvrent les entrailles de la miséricorde de Dieu dans lesquelles il nous a visités se levant d'en haut. (Luc., I). Le prophète dont les regards ne pouvaient pas encore s'arrêter sur les trous et les fissures des clous, est dans l'étonnement et il dit : Qui peut connaître les desseins du Seigneur, et qui a été son conseiller ? (Isaï., XL, Rom., XI.) La lance m'a dévoilé le secret du Seigneur, prédit par Isaïe : « Mon secret est à moi, mon secret m'est réservé (Isaïe, XXIV.) C'est la lance qui m'a montré... combien doux est le Seigneur » [3].

Tels sont les premiers privilégiés du Sacré-Cœur. Dans leurs témoignages nous voyons réalisé le premier progrès dans la dévotion au Sacré-Cœur, qui consiste à passer de la blessure du côté, — source in-

---

1. Richard de S.-Victor. De Emmanuele, l. II, c. XXI, P. l., CLXXVI.

2. Egbert, Sermo de vita et Passione Domini, n. 6. P. l., CLXXXIV, 958.

3. Pierre de Blois, Sermo XIX, de Cœna Domini, P. l., CCVII, 618.

tarissable pendant onze siècles, de sublimes inspirations et d'ardent amour, — au Cœur sensible et matériel. La blessure du Cœur n'est pas bien explicitement exprimée, mais l'élément matériel et nécessaire, le Cœur physique de Jésus, est nommé, et, il ne l'est qu'à cause de ses analogies avec l'amour. Or, comme jusque là, par le *cœur*, on entendait la volonté et ses sentiments ; maintenant pour qu'il soit bien entendu qu'il s'agit du cœur réel, il est fait mention de la blessure du côté pour dire : que de là on s'introduira jusqu'au Cœur ; que par la blessure du *côté*, les secrets du *Cœur* nous sont révélés, etc. De sorte que l'on voit déjà, d'une manière plus ou moins distincte, le Cœur objet matériel symbolisant l'amour de Jésus, et l'amour de Jésus objet spirituel honoré sous son symbole.

Puis aussitôt après, au treizième siècle, comme second progrès, les privilégiés ont vu le Cœur lui-même *blessé*. Cette blessure est déjà à elle seule un motif suffisant pour décerner au Cœur matériel de Jésus, un culte particulier. Toutefois, comme dans les siècles précédents *par la blessure du cœur* ou, *par un cœur blessé* on entendait la volonté violemment impressionnée et en quelque sorte blessée par l'action de l'objet aimé ; maintenant, afin de déclarer que c'est bien du Cœur physique blessé qu'il s'agit, les auteurs le localisent pour ainsi dire, mentionnant très fréquemment, avec la blessure du Cœur, celle du divin côté. De sorte que parfois, le culte du Sacré-Cœur avec mention de sa blessure, peut paraître comme une extension de celui des cinq plaies, et il l'est aussi, si l'on veut. Mais ce qui est honoré surtout dans ce Cœur adorable, c'est le symbole de la charité du Sauveur, avec cette même charité qui y est symbolisée. Bientôt cette dévotion, la plus belle et la plus solide des dévotions [1], sera en honneur dans tous les cloîtres du moyen-âge. Cependant, comme durant près de cinq cents ans, elle demeurera encore un culte privé, c'est-à-dire, un culte

---

1. S. Alphonse de Liguori, Œuvres, Paris, 1835, III, 453.

auquel tout est permis sauf l'erreur, elle sera interprétée dans un sens plus ou moins précis, quant à son objet, sa fin, etc. Néanmoins par l'habitude de comprendre sous le vocable du cœur, le cœur symbolique, la mention de la plaie du côté simultanément avec celle du cœur, disparaîtra graduellement, jusqu'à ce que aux dix-septième et dix-huitième siècles, cette dévotion, étant déjà répandue dans tout l'univers catholique, les premiers honneurs du culte public lui seront décernés, et elle acquerra, par le vénérable Jean Eudes, et surtout par la b[e] Marguerite-Marie, son intégrité doctrinale et sa précision synthétique, claire et définitive.

XIIIe siècle. Pendant ce siècle ce sont les Franciscains et les Clarisses, en commençant par leurs séraphiques fondateurs, qui paraissent s'être distingués parmi tous [1] dans le culte du Sacré-Cœur, comme au siècle précédent, où ces deux ordres religieux n'existaient pas encore, ce furent les Cisterciens qui occupèrent le premier rang.

La tradition nous a légué trois cantiques qu'elle attribue au *grand patriarche d'Assise*, 1182-1226, ou qui tout au moins sont d'un Franciscain du treizième siècle [2].

Du premier de ces cantiques nous relevons cette strophe remarquable : « Que mon cœur, ô Jésus, soit transpercé, par la même lance dont le tien, ô mon espérance, fut blessé », et du second nous reproduisons cette autre non moins expressive : « Embrasse mon côté ouvert, regarde-moi et vois, en quel état l'amour m'a réduit, j'ai le Cœur transpercé par une lance, mon Cœur appelle ton cœur » [3].

A côté du séraphique stigmatisé du mont Alverne, nous voyons, célèbre par son amour du Sacré-Cœur s[e] *Lutgarde*, 1182-1236. Un jour Jésus-Christ lui apparut subitement, lui ouvrit sa poitrine sacrée et lui montrant son Cœur : « Regarde ici, lui dit-il, ce que tu dois aimer : laisse là les attraits de l'amour

---

1. Si l'on en excepte les Bénédictines d'Helfta.
2. Annales franciscaines, IX, 142.
3. *Ibid.*, 142.

humain, et tu trouveras en mon Cœur, d'ineffables délices. » Et à quelque temps de là, pour la récompenser, car elle avait immédiatement renoncé à toute espérance de bonheur humain, Notre-Seigneur lui apparut attaché à la croix et rayonnant d'amour. Comme elle le contemplait ravie, il détacha un de ses bras, il attira la sainte contre sa poitrine adorable, et toute défaillante de bonheur céleste, il lui fit mettre ses lèvres sur la plaie de son Cœur » [1].

Se *Claire* d'Assise, 1193-1253, était tout simplement l'émule du grand S. François dans la pratique de ce culte d'amour. Elle récitait fréquemment et faisait réciter à ses Sœurs, certaines prières composées par elle-même, en l'honneur des cinq plaies du Sauveur. Voici sa prière à la plaie du côté : « Louange et gloire vous soient rendues, ô très aimable Jésus, pour la très sainte plaie de votre côté. Par cette sacrée plaie, par cette immense miséricorde que vous avez montrée en voulant que votre Cœur fût ouvert... etc. » [2]

Par son ardent amour pour le Sacré-Cœur, *S. Antoine* de Padoue, le grand thaumaturge, 1195-1231, se montra le très digne fils de S. François. Dans maints endroits de ses sermons, il exalte avec une grande éloquence, le divin Cœur. Parmi ses beaux témoignages nous rapporterons les plus courts : « Jésus-Christ, dit-il, a donné pour vous, son Cœur sur la Croix. A cette fin il a voulu que son côté fût ouvert ; Eccl., XXXVIII., 31. Cor suum dabit in consummatione operis » [3].

« Nous devons purifier deux autels parce que nous devons considérer deux choses en Jésus-Christ : l'amour dans son Cœur, la douleur dans son corps... l'autel d'or, c'est la charité dans le Cœur du Christ ; l'autel d'airain, extérieur, pour l'holocauste, ce sont les douleurs et les angoisses de son corps » [4].

---

1. Bolland. Acta SS. Junii, III, 239.
2. Annal. francisc., IX, 145.
3. S. Antonius Patav. De plurib. aut uno apostolo. Sermo III, 422. Paris, 1641.
4. *Id.*, *ibid.*, de multiplici cœna Domini, 418.

S. Thomas d'Aquin, 1225 (alias 1227)-1274, plongea son regard jusqu'au Cœur blessé de Jésus, vers lequel, de son propre cœur, il faisait monter l'encens des plus ardentes prières. On ne pouvait pas moins espérer du génie et de la sainteté du docteur angélique. Dans son opuscule LI, c. 27, il écrit : « Rendent un triple témoignage sur la terre : l'Esprit, le sang et l'eau. L'Esprit qu'il rendit (de son corps), l'eau qui coula de son côté, et le sang qu'il répandit de son Cœur, sont le témoignage de la plus grande dilection »[1] et dans le chapitre XXVIII, il ajoute : Il répandit son sang de la blessure de son côté et de son Cœur, afin de réchauffer et de vivifier ses disciples et beaucoup d'autres, tentés dans la foi et à cause de cela, froids et presque morts... puis, semblable au cerf blessé, il marque de son sang la voie du ciel. « Vous avez blessé mon cœur » Cant., IV, 9. — Tel qu'un cerf rapide, fuyez, mon bien-aimé (Cant., VIII 14) ; comme si elle disait : Courez devant nous comme le cerf blessé au cœur et par les traces de votre sang montrez-nous le sentier du ciel » .

Remarquons que S. Thomas et ses contemporains, n'entendent pas le : « Vous avez blessé mon cœur, ma sœur, etc. » du Cantique des cantiques, IV, 9, dans le sens de la volonté aimante ou de la charité en elle-même, comme les auteurs antérieurs au douzième siècle ; mais ils l'entendent dans le sens du cœur réel qui, *blessé*, répandit du sang et de l'eau.

Le docteur séraphique, *S. Bonaventure*, 1221-1274, ne pouvait pas manquer d'exceller dans cet exercice de charité divine qui est le propre du séraphin. Pour les temps anciens il mérite par excellence le titre de docteur du Sacré-Cœur. Pour s'en convaincre il suffit de citer la IXe leçon de l'office commun du Sacré-Cœur, et les trois leçons du IIe nocturne attribuées à S. Bernard sous le titre de *Sermo III de Passione*, et qui sont le 3e chapitre de

1. S. Thom. Aquin., t. XXVIII, 232. Opusc. LI, c. XXVII. Paris, Vivès, 1875.
2. *Ibid.*, c. XXVIII, 234.

l'ouvrage dont le véritable titre est : *Vitis mystica*, de S. Bonaventure, d'après l'édition authentique de ses œuvres, *Quaracchi* (*ad claras aquas*) *1892 à 1902*. Le 3e chapitre en question se trouve dans le t. VIII, 163, de ladite édition. Il y est dit : « Puisque nous causons du Cœur tout aimable de Jésus, et qu'il fait bon y demeurer, ne souffrons pas qu'on nous en sépare facilement... Le souvenir de ce Cœur divin est une source de consolation et d'allégresse... Oh ! qu'il est bon, oh ! qu'il est doux de faire sa demeure dans ce Cœur !... Que votre Cœur, ô aimable Jésus, est un riche trésor ! Je donne tout ce que j'ai pour le posséder. C'est dans ce temple, c'est dans ce sanctuaire, c'est dans cette arche du Testament, que j'adorerai et louerai le Nom du Seigneur, disant avec David : J'ai trouvé mon cœur pour prier mon Dieu. Et moi j'ai trouvé le cœur de Jésus, mon roi, mon frère, mon ami ; n'adorerai-je pas ? Ce Cœur est à moi. Ayant donc trouvé votre Cœur qui est aussi le mien, ô aimable Jésus ! Je vous prierai, vous qui êtes mon Dieu. Souffrez seulement que mes prières soient admises dans ce divin sanctuaire pour être exaucées, ou plutôt daignez m'admettre moi-même dans ce sacré Cœur, afin que j'y puisse faire ma demeure tous les jours de ma vie... O le plus beau des enfants des hommes ! votre côté n'a été percé que pour nous ouvrir l'entrée dans votre Cœur ; et ce Cœur lui-même n'a été ouvert qu'afin que nous puissions habiter en lui dans une parfaite liberté, exempts de tout ce qui peut troubler notre repos. En vérité, ce Cœur divin a été blessé, afin que par cette plaie visible, nous connaissions la plaie invisible que la charité y a faite. Ah ! comment Jésus pouvait-il nous marquer son ardeur plus efficacement, qu'en voulant que non seulement son corps, mais encore son propre Cœur fût percé de la lance ?... Qui pourra donc ne pas aimer un cœur blessé de la sorte ? Qui pourra n'être pas sensible à son amour ? » Nous devons nous limiter ; nous ne donnerons donc pas le texte de la IXe leçon. Il est dans ce même t. VIII, fructus VIII, n. 30, p. 79. L'opuscule « *Lignum vitæ* », d'où il est tiré, est unanimement reconnu comme œuvre authentique de s. Bonaventure.

Sœur Mechtilde de Magdebourg, † 1293, de même que ses admirables compagnes, Se Gertrude la Grande et sainte Mechtilde au monastère d'Helfta, brûlait du plus vif amour pour le Cœur sacré du Sauveur. Elle témoigne d'abord que Notre-Seigneur, par son Cœur et par ses paroles, lui donna l'ordre d'écrire son livre intitulé : *Lux divinitatis*, La lumière de la divinité. Dans cet ouvrage, l. I, c. 8, elle dit : Étant affligée d'une grave maladie, Jésus-Christ aide incomparable de l'infirmité humaine, se manifesta à moi et me montra la blessure de son côté, en disant : Regarde et considère les cruelles souffrances qu'ils m'infligèrent. Et je lui dis : Pourquoi, ô Seigneur, avez-vous voulu souffrir de si atroces tourments, puisque les précieuses gouttes de votre sang qui coulèrent jusqu'à terre pendant votre sainte prière suffisaient pour racheter tout l'univers? Le Seigneur me répondit : Cela ne suffisait pas à mon Père ; tout ce que j'ai enduré : ma pauvreté, mes travaux, ma passion, les mépris, frappèrent à la porte du ciel, jusqu'à ce que le sang qui par le coup de lance du soldat, coulant de mon Cœur, arrosa la terre. Alors fut ouverte la porte du royaume, et l'entrée en est libre pour tous les viateurs qui désirent entrer » [1]. Dans une autre apparition, le Seigneur lui dit : « Regarde, ô mon épouse, et contemple la clarté de mes yeux, la vérité de ma bouche, la charité enflammée de mon Cœur... Ton cœur sera ouvert par cette lance qui est la charité... » [2]. Nous pourrions multiplier ces citations, mais pour ne pas être trop long, nous les omettons.

Cet amour du Sacré-Cœur, mais un amour poussé jusqu'à la plus admirable familiarité, nous le remarquons sans sortir de ce même monastère et à la même époque, comme nous l'indiquions plus haut, dans les saintes Mechtilde, sœur de l'abbesse Gertrude

---

1. Sœur Mechtilde, Lux divinit., l. I, c. VIII, 464. Revelationes Gertrudianæ et Mechtildianæ, II, 464. Paris, H. Oudin, 1877.
2. *Op. cit.*, II, 469.

de la noble famille des Hackeborn, et Gertrude la Grande. Leurs ouvrages sont émaillés comme par autant de pierres précieuses, par les traits les plus ravissants du culte du Sacré-Cœur.

Sainte Mechtilde, 1241-1298, craignait de n'avoir, tous les jours de sa vie, servi Notre-Dame avec toute la dévotion qu'elle aurait dû : dans sa douleur elle pria le Seigneur de lui accorder de servir dorénavant sa glorieuse Mère avec diligence et ferveur, sans que pour cela elle sentît aucun empêchement à la charité qui l'unissait à lui. Elle vit aussitôt Notre-Seigneur la recommander à sa sainte Mère. La bienheureuse Vierge la présenta alors à son divin Fils, et le Seigneur la recevant avec une douceur ineffable, lui fit appliquer la bouche contre son divin Cœur, en disant: à l'avenir, vous prendrez là, tout ce que vous désirez offrir à ma Mère. — Une autre fois la glorieuse Vierge Marie, à laquelle elle exposait une semblable négligence de la part d'une autre personne, lui donna le Cœur de Jésus semblable à une lampe ardente, et lui dit : « Je vous donne ce très digne et très noble Cœur de mon Fils bien-aimé, pour que cette personne me l'offre avec toute la fidélité et la dilection qu'il a eues et qu'il aura éternellement pour moi, afin de réparer ses négligences dans mon service » [1]. Nous nous bornons à ces deux passages que nous avons pris au hasard entre mille autres plus beaux les uns que les autres. La sainte elle-même disait : « S'il me fallait écrire tous les biens qui me sont venus de ce très doux Cœur, un livre gros comme celui des Matines n'y suffirait pas. » (Op. cit., II, 156.)

S^e^ *Gertrude la Grande*, 1256-1302. Si l'homme est d'autant plus véritablement grand qu'il aime Dieu davantage ; S^e^ Gertrude, à en juger par les manifestations de son amour pour le Cœur de Jésus, *grande*, elle l'était vraiment. Il est impossible, sans avoir lu ses deux ouvrages, le : *Legatus divinæ pietatis*, et les : *Exercitia spiritualia*, d'avoir une idée des ineffables effusions de l'amour du Cœur du Sau-

1. Liber specialis gratiæ, *op. cit.*, II, 131.

veur dans le cœur de Gertrude, et de l'admirable retour de dilection du cœur de la sainte pour le Cœur de Jésus. Sur des milliers de ces manifestations, prenons-en deux ou trois, pour abréger. « Pendant les vêpres, dit-elle, quand on chantait : *vidi aquam egredientem*, le Seigneur lui dit : « Regarde mon Cœur, désormais il sera ton temple : maintenant donc, choisis dans mon corps d'autres endroits où tu puisses te retirer, car il sera ton cloître ». Elle répliqua : « Je ne sais, Seigneur, ce que je pourrais demander de plus, parce que dans votre Cœur, que vous daignez appeler mon temple, je trouve de si délectables trésors, qu'il me serait impossible de trouver en dehors de lui la nourriture ou le repos »[1]. « Ah ! si j'avais le bonheur, moi chétive, de me reposer un moment à l'ombre de votre amour ! Vous fortifieriez mon cœur par une seule de vos paroles vives et consolantes. Mon âme entendrait de votre bouche cette gracieuse nouvelle : Je suis ton salut, le sanctuaire de mon Cœur est ouvert pour toi. »[2] « Joie et allégresse soient à vous, ô Jésus, pour votre Cœur divin, que l'amour a transpercé pour moi jusque dans la mort ! Joie et allégresse soient à vous dans ce Cœur très aimant et très fidèle, qui m'a été ouvert par la lance, afin que mon cœur pût y entrer et y prendre son repos »[3].

Mentionnons les paroles suivantes dans lesquelles est dépeinte l'ineffable tendresse du Cœur de Jésus, envers ceux qui l'invoquent avec confiance. Jésus dit à notre sainte : « Si quelqu'un attaqué par la tentation, se réfugie sous ma protection avec une ferme espérance, il est compris parmi ceux dont je puis dire : Une est ma colombe, élue entre mille, qui par l'un de ses regards transperce mon divin Cœur, à tel point que si je savais de ne pouvoir lui venir en aide, mon Cœur en serait si profondément désolé, que toutes les délices célestes ne pourraient le consoler. » — *Legatus divinæ pietatis*, l. III, c. VII, 125.

---

1. *Op. cit.* Legatus divinæ pietatis, I, 174.
2. *Ibid.*, Exercitia spiritualia, V, 663.
3. *Ibid.*, VI, 668.

Terminons par la célèbre vision où s. Jean l'évangéliste révéla à cette très illustre sainte, les destinées providentielles du culte du Sacré-Cœur : « En la fête de s. Jean l'évangéliste, ce disciple que Jésus aimait réellement, lui apparut. Elle lui dit : Quelle grâce pourrai-je obtenir, en votre très douce fête ? Il lui répondit : Venez avec moi, vous l'élue de mon Seigneur, et reposons ensemble sur le sein si doux de mon Seigneur, où sont cachés tous les trésors de la béatitude éternelle. Et la conduisant, il la présenta au Sauveur, la plaça à droite, et il fit un détour pour se placer à gauche. Comme tous les deux reposaient doucement sur la poitrine du Seigneur Jésus, s. Jean touchant du doigt avec une respectueuse tendresse la poitrine du Seigneur, dit : C'est là le Saint des saints qui attire à lui tout ce qui est bon, dans le ciel et sur la terre. Alors elle demanda au bienheureux apôtre, pourquoi choisissant pour lui le côté gauche, il l'avait placée au côté droit. Il lui répondit : Parce que j'ai déjà triomphé de tous mes ennemis, et que, n'étant qu'un même esprit avec Dieu, je contemple à découvert ce qui reste encore voilé à ceux qui combattent sur la terre. J'ai choisi ce qui est voilé : pour vous qui, vivant encore dans un corps mortel, ne pouvez comme moi scruter malgré l'obstacle, ce qui est caché, je vous ai placée à l'entrée du divin Cœur, pour que plus librement vous y goûtiez la douceur et la consolation que sans intermission, l'ardente impétuosité du divin amour répand largement sur tous ceux qui le désirent. Or, comme elle éprouvait une joie ineffable, causée par les très saintes pulsations du divin Cœur, elle dit à s. Jean : N'avez-vous pas, bien-aimé de Dieu, — lorsque pendant la Cène vous reposiez sur la très douce poitrine du Seigneur, goûté le bonheur de ces très suaves mouvements, dont j'éprouve maintenant les délices? Il répondit : Oui, je l'avoue, je l'ai senti et ressenti, et la suavité en a pénétré mon âme ; ce fut comme le plus doux hydromel qui imprègne de sa douceur, une bouchée de pain frais. Et même mon âme en a été échauffée avec autant de force qu'une chaudière l'est par un feu ardent qui la fait bouillir. Elle reprit : Pourquoi donc avez-vous gardé là-dessus un silence si absolu, que vous n'avez jamais rien écrit, si peu que ce fût, qui le donnât à entendre pour nous en faire profiter ? Il répondit : Ma mission était autre : à l'Église encore jeune, j'avais à transmettre, sur le Verbe incréé de Dieu le Père, une seule parole : elle suffira, jusqu'à la fin du monde, à satisfaire l'intelligence de la race humaine tout entière, et personne ne parviendra jamais à la pleinement comprendre. Quant à exprimer la douceur de ces pulsations, c'est chose réservée aux derniers temps : le monde vieilli, en entendant ce mystère, reprendra dans l'amour divin quelque chaleur : *ut ex talium audientia recalescat jam senescens et amore Dei torpescens mundus* » [1].

Nous pourrions ajouter à cette glorieuse phalange du treizième siècle bien des noms illustres, tels que s^e Angèle de Foligno [2], Ubertin de Casal [3], etc., etc., nous terminerons par ce trait de la vie de s^e *Marguerite de Cortone*, 1251-1297, qui est un utile conseil, dès ces anciens temps, pour ceux qui exercent le ministère de la parole de Dieu. « Le Sauveur crucifié apparut un jour à Marguerite et il lui dit : Mets tes mains dans les ouvertures que les clous ont faites à mes mains. Et comme Marguerite tout intimidée répondait : « Non, Seigneur, je n'oserai jamais », soudain le très aimant Jésus lui montra toute grande ouverte la plaie de son côté sacré, et dans cette caverne d'amour, elle put contempler le Cœur adorable de son Sauveur. A cette vue toute crainte disparaissant, Marguerite embrassa le Sauveur crucifié. Alors elle entendit entre autres paroles du Sauveur, celles-ci : Ma fille, transmets aux prédicateurs ce que tu as appris à cette plaie de mon côté, et qu'ils le prêchent pour le bien des âmes » [4].

1. *Op. cit.*, I. Legatus divinæ pietatis, 305.
2. Annal. francisc., IX, 255.
3. Ubertin. de Casal. Arbor vitæ, etc., l. IV, c. XXIV. Bibliothèque nationale.
4. Acta SS., III, februar. 335.

Durant les siècles suivants, les ordres religieux que nous avons mentionnés, continueront d'aviver et de propager le feu céleste de cette dévotion. Nous citerons en particulier quelques noms très célèbres parmi les enfants des saints Dominique, Bruno, Ignace de Loyola, François de Sales, etc., qui simultanément rivalisèrent de zèle pour affermir et étendre le règne de la divine charité par le Sacré-Cœur.

XIV siècle. Ludolphe le Chartreux, † v. 1330, dans sa : *Vie de Notre Seigneur Jésus-Christ*, nous laissa ce beau monument de sa dévotion au Sacré Cœur : Le Cœur de Jésus ayant été blessé d'une blessure d'amour à cause de nous, nous devons... lui rendre amour pour amour, afin que nous puissions pénétrer par la porte de son côté jusqu'à son divin Cœur. L'âme doit conformer sa volonté tout entière à la volonté de Dieu par reconnaissance pour cette blessure d'amour que Jésus-Christ reçut sur la Croix, lorsque la flèche d'un indomptable amour transperça son Cœur plus doux que le miel. Que l'âme donc s'empresse d'entrer dans le Cœur de Jésus ; qu'elle rassemble tout l'amour dont elle est capable, et l'unisse à l'amour divin » [1]. Le sang qui était resté dans son *Cœur* ou dans sa poitrine, Jésus le répandit dans l'ouverture de son côté (id. ibid., p. 343).

Le soldat, dit s. *Vincent Ferrier*, 1346-1419, dans son sermon pour le jour du Vendredi-Saint, le soldat, prit sa lance et l'enfonça dans le Cœur du Christ. D'après Alexandre de Halès, cette blessure, Jésus ne la reçut pas à l'endroit où d'habitude on la place, mais plus bas, au-dessous des côtes, d'où elle monta jusqu'au Cœur... Pourquoi donc la représente-t-on de la sorte ? C'est parce que la peinture est l'écriture du peuple, et ainsi il est indiqué d'une manière plus expressive, aux laïques, que la lance pénétra jusqu'au Cœur du Christ : en signe qu'il nous pardonna nos péchés du fond du Cœur par sa mort » [2].

---

1. Ludolph. carthus. Vita Domini Nostri J.-C. Pars II, c. LXIV.
2. S. Vincent Ferrer. Sermo in die Parasceves.

Se Catherine de Sienne, 1347-1380, vierge d'une prodigieuse sainteté du Tiers-Ordre de s. Dominique, s'écriait : Mon Dieu, vous avez blessé mon cœur, et il lui semblait que son cœur se perdait dans celui de son céleste époux... Approche tes lèvres de mon côté, lui disait-il, je te découvrirai les secrets de mon Cœur. Notre Seigneur lui donna son Cœur en échange du sien, et lui imprima, comme à sainte Gertrude, d'une manière invisible, mais douloureuse, les stigmates de sa passion. — Un jour elle lui demanda pourquoi il avait voulu que son côté fût ouvert ; elle reçut de lui cette réponse : la principale fin que j'avais en vue était de révéler aux hommes le secret de mon Cœur, afin qu'ils comprissent que mon amour est plus grand que les signes extérieurs que j'en donne. Car mes souffrances ont eu un terme ; mon amour n'en a point »[1]. C'est pourquoi ce fut après la fin de ses souffrances, après sa mort que son divin Cœur fut ouvert.

Jean Taulère, 1294-1361 (alias 1379), surnommé le théologien sublime, médite sur la passion du Sauveur, et arrivé à la plaie de son Cœur : Que pouvait-il faire de plus, s'écrie-t-il, il nous a ouvert son propre Cœur pour nous y introduire. Il nous a donné ce Cœur sacré, cruellement blessé, comme le lieu de notre demeure, afin que nous y purifiant et y acquérant une conformité parfaite avec ce Cœur divin, nous soyons dignes d'être reçus avec lui dans le ciel »[2].

Dans de pieuses contemplations qu'il composa et que l'on a ajoutées à la fin de sa « Vie » le bx *Henri de Berg, dit Suso*, 1295-1365, exprime en ces termes, sa confiance et sa reconnaissance pour le divin Cœur : « O mon Jésus, vous le Très-Haut, souvenez-vous de cette lance impitoyable qui déchira votre poitrine, et blessa cruellement votre Cœur. Votre Cœur blessé est devenu pour nous une fontaine d'eau vive[3].

---

1. Vie de Se Catherine de Sienne, par la Ctesse de Flavigny, passim.
2. Tauler. Exercitia in vitam et pass. Christi, c. IX.
3. Vie du B. Henri Suso, c. VII.

XVe siècle. — *S^e Françoise Romaine*, 1384-1440, du Tiers Ordre de s. François, en mille endroits de ses *Visions* elle parle du Sacré-Cœur. Nous ne citerons qu'un mot : « J'ai été introduite, dit-elle, dans une grande lumière. J'ai vu le trône sublime de la majesté divine, et sur ce trône Notre-Seigneur glorifié dans son humanité. De ses plaies sortait une splendeur dont il est impossible de donner une idée, cependant la clarté de ses divines plaies n'était pas égale ; celle de ses mains était plus vive que celle de ses pieds ; mais celle du Sacré-Cœur était incomparablement plus resplendissante. Les divers rayons qui jaillissaient de toutes ces blessures se répandant sur toute la cour céleste, communiquaient à tous les esprits, tant angéliques qu'humains, une gloire admirable accompagnée d'une vive joie et d'une incroyable jubilation » [1].

« Elle vit une autre fois, un très beau tabernacle sur lequel était un agneau d'une blancheur éclatante. Elle remarqua qu'une source jaillissait du côté blessé et ouvert de l'agneau immaculé. Dans la blessure, elle vit un abîme de lumière et le Cœur blessé du Seigneur, et à plusieurs reprises elle entendit ces mots : que celui qui a soif, vienne à moi et boive » [2].

S^e Catherine de Bologne, 1413-1463. Que le pieux lecteur assiste par la pensée à ce spectacle céleste. Au milieu d'une nombreuse phalange de vierges prosternées et attentives, la vénérable abbesse, l'œil étincelant d'un éclat surnaturel, le front illuminé du reflet de l'immortelle auréole, chante le Sauveur crucifié, et l'adorable plaie de son Cœur : « Contemple cette plaie qu'il porte au côté droit, vois, le sang qui en découle a payé toute la dette de ton péché ; considère comment il a été blessé par une lance cruelle, et comment, en faveur de chaque fidèle, il a

---

1. Ste Françoise Romaine. « *Visions* », vision XIVe. Annal. francisc., IX, 282.

2. R. P. Virgile Cepari. Vie de S^e Françoise Rom., l. III, c. X, 167.

voulu qu'un fer lui transperçât le Cœur. » Passo in Cor la saetta [1].

S. Antonin de Florence, † 1459, exprime en d'autres termes la même pensée : « Ils couronnèrent le Seigneur d'une couronne d'épines ; en lui ouvrant le côté, *son Cœur même ne fut* pas épargné... car seuls, la langue et son Cœur étaient restés indemnes ; mais afin qu'ils eussent leurs tourments, ils lui offrirent à boire du vinaigre et du fiel... et étant déjà mort, son côté fut ouvert avec une lance » [2].

De bonne heure les fils de s. Bruno allumèrent sur l'autel de leur cœur le feu sacré de cet amour dont le Cœur de Jésus est le divin foyer. Dans ses « Sermones formales, in fol. Spiræ circa 1470 ». *Jacques de Clusa*, vicaire de la Chartreuse d'Erfurt, 1386-1466, dit : « Voyez mes pieds, mes mains et mon côté, c'est-à-dire voyez les blessures profondes qui s'y trouvent. Cette invitation renferme une grande leçon et voici ce qu'elle nous apprend : Si nous aimons froidement Notre Seigneur J.-C. regardons son côté percé et ouvert pour nous, et soudain le feu de la charité embrasera de nouveau notre âme ; parce que nécessairement, un Cœur entr'ouvert doit allumer le feu de l'amour dans l'âme qui le contemple » [3].

Fils de s. Bruno, comme Jacques de Clusa, *Denys-le-Chartreux*, † 1471. Prieur de Ruremonde, et *Pierre Dorland*, 1440-1507, Prieur de Diest, lui étaient aussi unis par les mêmes sentiments de dévotion envers le Sacré-Cœur. Du premier nous donnons cette courte prière : « Seigneur, ce n'est pas pour une vie temporelle que je vous prie ; mais pour le salut de mon âme, ô vous qui êtes la vie éternelle... Oh ! que ne puis-je faire en sorte, que l'amour et la douleur me fassent répandre dans votre Cœur très doux toutes les gouttes de mon sang et vous les offrir avec mes larmes » [4]. Quant à Pierre

---

1. Annal. francisc., IX, 310.
2. S. Antonin, Opera Pars IV. Tit. XV, c. XLI.
3. Dom. Boutrais. Un Précurseur... Lansperge... 181.
4. Dom Boutrais, *op. cit.*, 183.

Dorland, c'est avec bonheur que nous transcrivons cet extrait de son « Dialogue entre la très sainte Vierge et s. Dominique sur les mystères de la Passion ». — Dominique. — Vos enseignements, douce Vierge Marie, me donnent une grande confiance ; vous venez de m'apprendre que tout ce que votre Fils a fait et souffert, a été inspiré par l'amour, l'humilité et la plus grande miséricorde. C'est égalemeut, si je ne me trompe, par bonté que Jésus a voulu qu'après sa mort, son côté fût ouvert par la lance d'un soldat ; la blessure de son côté montre l'amour de son Cœur ; car la lance pénétra jusqu'au Cœur. — Marie. — Maintenant, vous le voyez sans peine, les fils d'Adam n'ont plus à se plaindre que la porte du paradis leur soit fermée. Voici qu'une autre porte leur est ouverte, donnant snr un jardin plus riant, plus agréable et plus fertile que le paradis terrestre. Par cette porte, ils peuvent entrer dans le Cœur du Sauveur, de son Cœur dans son âme, de son âme dans l'abîme de la divine clarté où l'on cueille des fruits d'une admirable douceur, des fruits qui ne se gâtent point, mais qui se conservent éternellement. Là, point de serpent à redouter ; là, point de tristesse, et nulle crainte d'être chassé. Chaque fois que vous serez tenté, entrez dans cet asile du Cœur de Jésus, et tenez vous-y jusqu'à ce que passent les fureurs de la tempête » [1].

Nous serions interminables si nous voulions entendre tous les saints personnages qu'inspirait cette noble dévotion. Pour clore ce *XVe siècle* nous ferons une exception en faveur de *Se Jeanne de Valois*, 1464-1505, du T. O. de s. François, fondatrice de l'ordre des Annonciades, sous la direction des Frères Mineurs ; et de la *be Baptista Varani*, 1458-1527, religieuse clarisse au couvent d'Urbino. De la première nous a été transmise cette céleste communication : « Le très saint sacrifice venait de s'achever ; Jeanne avait reçu la très sainte communion ; noyée dans ses larmes, ravie en extase, elle se vit soudain transportée dans un lieu éclatant de lumière et assise à

1. *Op. cit.*, 184.

une table, où Jésus et sa très sainte Mère lui offraient le banquet mystérieux qui lui avait été promis la veille. C'était leurs Cœurs sacrés qu'ils lui présentaient sur un plateau étincelant, et la très sainte Mère de Dieu l'invitait à se nourrir des aliments divins qui lui étaient offerts. Et Jésus demanda à Jeanne si elle ne voulait pas, elle aussi, contribuer au festin en y joignant son cœur. Alors il lui sembla qu'elle cherchait son cœur dans sa poitrine, mais ne l'y trouvant pas. Et comme elle était saisie d'étonnement et de crainte, son céleste époux lui dit : Il n'est pas étonnant, ma fille, que tu ne trouves plus ton cœur en toi ; il est depuis longtemps uni au mien. » Les détails de cette admirable extase ont été connus par la révélation que crut devoir en faire le vénérable directeur de Jeanne, le P. Gabriel-Marie, pour la gloire de Dieu et l'édification des fidèles [1].

Dans son récit, la *be Baptista Varani* parle à la troisième personne par humilité. Elle écrit par ordre de son confesseur, et entre beaucoup d'autres preuves de sa dévotion au Sacré Cœur, elle dit : « Il fut une âme dévote grandement affamée de la passion du très aimant et très doux Jésus. Après avoir employé un grand nombre d'années à sa réforme spirituelle, elle fut enfin admise, par une faveur admirable, à la communication des peines intérieures du Cœur affligé de cet Homme-Dieu. C'est d'elle que je tiens tout ce que je vais en dire.

Sur les douleurs du Sacré Cœur de Jésus, Jésus lui-même lui fit cette communication « : Oh ! ma fille, lui dit le divin Maître, un glaive empoisonné que l'on eût enfoncé et retourné continuellement dans mon Cœur, ne l'eût pas fait souffrir plus que la prévision déchirante de la trahison de Judas. Enfin arriva la dernière Cène dans laquelle je m'humiliai jusqu'à laver les pieds de mes disciples, et je m'agenouillai devant lui comme je l'avais fait devant les autres. Mon Cœur était brisé, et j'arrosai de larmes amères les pieds de ce malheureux. Intérieurement je disais : O Judas, que t'ai-je fait pour... Pendant que

1. Annal. francisc., IX, 311.

mon Cœur parlait ainsi mes larmes arrosaient ses pieds, mais il n'y prenait pas garde ; j'étais à genoux devant lui et mes longs cheveux retombant sur mon visage, l'empêchaient de voir que j'étais tout éploré... Ces témoignages de mon amour pour lui devaient être les derniers, puisque son désespoir allait bientôt le ravir pour toujours à ma tendresse. Aussi je pressais ses pieds sur mon Cœur, et je les baisais avec une tendre compassion » [6].

Nommons encore pour ce siècle, comme autant de précurseurs des révélations de Paray-le-Monial : Les stigmatisées : Osanna de Mantoue, † 1500, et Gabrielle de Piezolo, † 1472 honorées comme bienheureuses ; s. Bernardin de Sienne, † 1440 ; Ugolin de Mantoue, † 1470 ; s. Laurent Justinien, † 1453 ; s[e] Catherine de Gênes, 1447-1510 ; etc.

On écrirait des volumes s'il fallait rapporter tout ce qui a été écrit de beau, de touchant, de sublime sur le Cœur du Sauveur par les pieux auteurs du seizième siècle. Dom Boutrais cite les témoignages des deux chartreux, le dévot *Lansperge*, 1489-1539, remarquables par la profondeur de leur doctrine ; op. cit. ,63 seqq. — ; et le R. P. Dom *Jean Michel de Coutances*, 44e général de l'ordre — op. cit., 186 — et d'*Eschius*, 1507-1578, — ibid., 194. — On peut à bon droit citer aussi le b[x] *Pierre Canisius*. † 1597, admirable par son ardente affection pour le divin Cœur — voir : *le b[x] Canisius ou l'apôtre de l'Allemagne au seizième siècle*, IIe *partie c.* v, *Paris*. — La Compagnie de Jésus désignée par Notre Seigneur lui-même dans son apparition à la b[e] Marguerite-Marie comme étant l'ordre spécialement choisi pour propager cette dévotion se glorifie de compter pendant ce siècle, entre autres, l'ami de prédilection du Sacré-Cœur, l'angélique s. Louis de Gonzague, dont s[e] Marie-Magdeleine de Pazzi raconta la gloire, selon que Dieu le lui avait montré. Comme le b[x] Pierre Canisius, dont nous avons parlé, comme s. Louis de Gonzague, les Pères Salmeron, Ribadeneira et un peu plus

1. Annal. francisc., IX, 172.

tard les Pères Alvarez de Paz, Louis du Pont, Drexelius, Corneille à Lapide, Tirin, Menochius, Lirée etc., etc. mériteraient une mention à part. Bientôt ils seront légion leurs frères en religion qui jouiront de ce titre inestimable, de favoris du Cœur du Fils de Dieu. On pourrait plutôt affirmer, que dorénavant Jésus-Christ possédera autant d'amis dévoués à son Sacré Cœur, que le grand Ignace de Loyola comptera d'enfants. Avec le

XVIIe siècle—nous saluerons les commencements du culte public du Sacré Cœur, d'après les deux formes autorisées par le magistère suprême du Pontife romain, c'est-à-dire d'après le vénérable Jean Eudes d'une part, et de l'autre, d'après la be Marguerite-Marie, et dont nous dresserons bientôt l'impartial parallèle, non point pour amoindrir l'un de ces deux admirables apôtres à l'avantage de l'autre, mais plutôt pour faire ressortir leurs grands mérites respectifs. Cependant comme trait d'union entre les principaux représentants de ce culte privé, depuis la fin du XVIe siècle, et les premiers commencements du culte public, rappelons tout simplement en l'honneur de l'Ordre de s. François de Sales, 1567-1622, et de se Jeanne-Françoise de Chantal, † 1641, qu'il mérite aussi bien le nom, d'Ordre du Sacré Cœur de Jésus, que celui de la Visitation Ste-Marie. Il fut fondé vers 1610. « Puisque ce Cœur sacré, disait s. François de Sales, n'a point de loi plus affectionnée, que la douceur, l'humilité et la charité, il faut s'en tenir ferme à ces chères vertus ». (Cf. *vie de la Vén. Mère Clément*). « Inculquez à vos Filles, la pratique de ces paroles de Notre-Seigneur : Apprenez de moi que je suis doux et humble de cœur ; elles sont la moëlle et la vie de notre vocation »[1]. Les religieuses de la Visitation pourront véritablement porter le nom de Filles évangéliques établies en ce dernier siècle pour être les imitatrices du Cœur de Jésus, dans la douceur et l'humilité, base et fondement de leur Ordre, qui leur donnera le privilège et la grâce incompara-

1. Lettre à la sœur de Blonay.

ble de porter la qualité de Filles du Sacré Cœur de Jésus » [1].

Nous touchons à l'époque où, avec le V. Jean Eudes va s'ouvrir la période du culte public du Sacré Cœur ; il nous semble néanmoins que, avant de saluer son inauguration, il convient de nous assurer, que l'iconographie, que les monuments de l'art ne contredisent pas nos affirmations.

---

1. Mgr Bougaud. *Vie de la B*e *Marguerite Marie*, 181.

ICONOGRAPHIE DU SACRÉ-CŒUR

Les monuments de l'art, antérieurs au christianisme, ne nous livreront ni le secret ni le nom même du Sacré Cœur. D'abord ces genres d'art, la sculpture, la gravure, la peinture, étaient de par Dieu, interdits aux Juifs, et les autres peuples ne commencèrent à représenter les sentiments, l'amour en particulier, sous le symbole du cœur humain qu'après qu'eut apparu, ou que vers l'époque où allait apparaître, dégagé des nuages qui l'avaient tenu voilé jusqu'alors, l'astre du Sacré Cœur, foyer indéfectible de la divine charité qui a sauvé le monde.

Dès les premiers temps le symbolisme (images et emblèmes), a été très riche et très expressif dans l'Église catholique. Les images figurent le Bon Pasteur à la recherche de la brebis égarée, ou la ramenant sur ses épaules au bercail, etc. C'est au VIe siècle seulement qu'apparurent les premiers crucifix. Les emblèmes sont multiples : *la croix* représente le sacrifice sanglant du Calvaire, l'instrument et l'autel de l'immolation ; *l'agneau*, c'est la victime qui efface les péchés du monde ; *le pélican* démontre son amour jusqu'à l'effusion de tout son sang ; *le cep de vigne* et *ses rameaux*, la vie divine qu'il communique aux vrais croyants ; *les grappes de raisin*, son mystère d'amour pour nous dans l'Eucharistie ; *la colombe*, sa douceur, ou la confiance de l'âme fidèle ; *le phénix*, sa résurrection ; *le rameau d'olivier*, la paix qu'il a donnée au monde par la nouvelle alliance ; *son monogramme* et *le Poisson*, ses titres immortels, etc., etc.

Même, (idée implicite et suggestive du culte du divin Cœur) *l'agneau* apparaît avec la croix *et une colombe entre son cou et sa poitrine*, gravés sur une pierre tombale du cimetière de Domitille, etc.

Du XIIe au XVe siècle, l'iconographie, relativement à notre dévotion, était absolument en retard sur la littérature ; pendant que celle-ci resplendissait de la gloire du Sacré Cœur et faisait monter vers lui l'encens des ardentes prières, l'art en était encore aux figures de J.-C. en croix, de Longin, et de l'Église recevant dans une urne sacrée ou dans un calice le sang de la Rédemption, traduction exacte de l'idée des Pères des siècles précédents, c'est-à-dire : toutes les grâces, les sacrements, jaillissant de la source divine, d'où l'immortelle Église du Christ a été formée. C'est tout ce que, à quelques petites modifications près et sans importance, il nous a légué de cette époque, comme nous pourrions le vérifier, si nous en avions le loisir, par les quelques spécimens qu'a épargnés la main impitoyable du temps.

Ainsi l'art religieux ne créa l'image du Sacré Cœur que vers la fin du XIVe siècle, ou plutôt, probablement, vers la fin du XVe. Pourtant il existe une représentation du cœur humain symbole des sentiments en général, et en particulier, de la fidélité envers Dieu, que l'on désigne alors, sous le nom de *cœur fidèle.* Ce nouveau cycle iconographique paraît avoir été inauguré par les « *Agnus Dei* », ou empreintes en forme de cœur, de cire pascale ou bien, en or, argent, etc., que l'on portait sur la poitrine. Le musée de Cluny, à Paris, en possède neuf, du XIIe ou du XIIIe siècle. — La statue d'Eléonore de Guyenne, † 1204, érigée à Fontevrault au XIIIe siècle, porte, au corsage, comme ornements, trois cœurs renversés.

De cette époque date également l'usage, chez les grands de la terre, de léguer leur cœur, à une ville, etc., en signe de prédilection. Jean-sans-Terre, † 1216 et Henri III, † 1272, rois d'Angleterre, léguèrent leur cœur à Fontevrault. Avant eux, Richard Cœur-de-Lion, † 1199 avait donné le sien à Rouen.

Au XIVe siècle on représenta fréquemment la Charité, tenant dans sa main un cœur enflammé et l'offrant à Dieu. Vers cette même époque et pendant tout le XVe siècle l'art héraldique fit figurer le cœur humain comme symbole des sentiments, dans les armoiries des plus anciennes familles de France, d'Allemagne, d'Italie, d'Angleterre, etc.

Il est, de même, employé au XVe et au XVIe siècles comme cachet, avec diverses modifications, assez fantaisistes parfois, par les libraires, et il est souvent placé par les auteurs, au frontispice de leurs ouvrages.

C'est seulement au XVIIe siècle que l'on commença à donner à quelques Saints, un cœur pour attribut, par exemple, s. Augustin, s^e Thérèse, s^e Jeanne-Françoise de Chantal, etc. C'est à ce siècle que nous devons attribuer l'image de la Ste Vierge au Cœur percé d'un glaive, qui est restée l'un de ses attributs exclusifs. Pourtant il existe aussi deux images du XVIe siècle l'une de s^e Amalberge, l'autre de s^e Erentrude offrant à Dieu un cœur surmonté d'une croix. Même certains ordres religieux adoptèrent ce même symbole pour leur écusson, par exemple, la congrégation de l'Union chrétienne, et l'ordre de la Visitation, malgré que plus tard, pour celui-ci, sous l'influence de la b^e Marguerite-Marie le cœur fidèle ait été remplacé par le Sacré Cœur. Les Franciscains, dans le cours du XVIe siècle firent entrer dans la composition de leur écusson les cinq plaies, dont celle du centre, représentait le Cœur de Jésus ; et le V. P. Eudes prit comme sceau, un seul Cœur contenant les images de Jésus et de Marie ; car, « son dessein, dit-il, a toujours été, dès le commencement de sa congrégation, de regarder et honorer ces deux aimables Cœurs, comme un même Cœur. » (Cf. les images du Sacré Cœur, par le comte Grimouard de St-Laurent, p. 99). — Enfin, après trois siècles de symbolisme iconographique du cœur humain, la première image connue du Sacré Cœur de notre divin Sauveur, *serait* celle de l'écusson de Ferdinand, roi de Portugal † 1383. D'après Ginther, cité par l'abbé Thomas — op. cit., p. 136 — ce roi aurait pris pour blason, le Cœur de Jésus, transpercé, et le sien propre, avec cette devise : Cur non utrumque ? Nous disons : « *serait* la première », car Ginther est le seul qui nous ait transmis ce fait, sans aucune preuve à l'appui.

BIBLIOTHÈQUE NAT

Ce qui est indubitable, ce sont les données de Neale et Webb, qui pourraient remonter à la fin du xve siècle. Les cinq plaies, disent-ils, sont représentées, tantôt par un cœur entre deux mains et deux pieds qui sont percés ; tantôt *par un cœur qui porte cinq blessures*, comme il s'en trouve un sur un cuivre de la chapelle du roi, à Cambridge. — Image du Sacré Cœur, p. 41. — Par conséquent, là, nous possédons la certitude et nous constatons en dehors de tout doute dans un premier progrès : le Sacré Cœur de Jésus, représenté dans une association qui forme un tout ; ou même *seul*, dégagé et jouant un rôle par lui-même. L'image des cinq plaies dont la cinquième est représentée par celle du Cœur à part, parut aussi à Cologne en 1535 d'après dom Boutrais, op. cit., p. 126 — ; (en 1523, d'après « Les images du Sacré-Cœur, p. 44 »), dans le texte d'un ouvrage de Lansperge intitulé : Les psaumes en latin et en allemand, etc. Cologne, chez P. Quentel, 1535 — in-12, p. 905. — Parfois les pieds et les mains disparaissent pour ne laisser figurer que le Cœur seul, comme dans les marques adoptées par Longis, libraire à Paris 1526-1560. Parfois, c'est encore le Cœur seul, avec les trois clous dans différentes combinaisons. Le premier exemple de ce genre est fourni par une boiserie de 1530 (à peu près) de l'église de Langeac (Hte-Loire). Enfin, d'autres fois, c'est le Cœur, les trois clous et le monogramme de Jésus. Cette dernière forme figure surtout au frontispice des ouvrages des Jésuites et de quelques Franciscains et Dominicains, etc., etc. du xviie siècle et de la fin du xvie, ce qui nous conduit au

Commencement du culte public du Sacré Cœur de Jésus

dont le premier apôtre fut le V. Jean Eudes, personnage véritablement grand devant Dieu et devant les hommes, par sa science et son amour des SS. Cœurs, par ses fructueuses missions et prédications, par l'établissement de nombreuses confréries des SS. Cœurs et par la fondation de la congrégation des Missionnaires de Jésus et de Marie, et de N.-D. de Charité du Refuge.

Quelle est son œuvre par rapport au culte du Sacré Cœur de Jésus ? Comment en précise-t-il l'objet, la nature, l'esprit, etc. ? C'est ce que, sans parti pris, nous essaierons d'expliquer. Volontiers nous dirions que sa dévotion est celle des savants, à l'usage des théologiens et des âmes favorisées de grands dons surnaturels, et que c'est à elle en particulier, que l'on pourrait appliquer cette remarque, (que faisait la b^e Baptista Varani) : « Ne navigue pas qui veut, sur la mer du Sacré Cœur de Jésus ; il faut pour cela une capacité que tout le monde n'a pas ; cependant Dieu la donne à quiconque la désire et la demande vraiment. » Cela ne veut pas dire que nous refusons ces qualités à la même dévotion, telle que l'admirable fille de s. François de Sales, sous le magistère de N. S. lui-même, nous l'a enseignée. Le sens de nos paroles est, que le V. P. Eudes, pour préciser l'objet de sa dévotion, s'est élevé à des points de vue dignes d'un grand mystique, doublé d'un grand théologien, scrutant dans la lumière du Saint-Esprit, les insondables mystères de la charité, en Dieu, dans la Trinité et spécialement dans le Cœur du Fils de Dieu, comme Dieu et comme Homme ; mystères que N. S. a sans doute manifestés à notre bienheureuse, mais dont elle n'a pas cru devoir parler. Au fait, chacun admettrait réciproquement dans l'autre, ce qu'il n'a pas jugé devoir désigner comme élément essentiel, ou comme caractéristique du culte qu'il a, ou qu'il s'est donné la mission de propager. Mais entrons dans les détails.

Le V. P. Eudes propose à nos adorations, comme objet de cette dévotion, trois cœurs qui ne font qu'un seul cœur. Il y a, dit-il, en N. S. J.-C. trois cœurs qui ne sont néanmoins qu'un seul Cœur : son Cœur corporel, son Cœur spirituel, et *son* Cœur divin qui est le *Saint-Esprit*, lequel est le cœur de son Cœur. — Le Cœur admirable de la très sacrée Mère de Dieu, l. I, c. v. — Ces trois cœurs, dans cet admirable Homme-Dieu, ne sont qu'un cœur, parce que son Cœur divin étant l'âme, le cœur et la vie de son Cœur spirituel et de son Cœur corporel, il les établit dans une si parfaite unité avec lui, que ces trois cœurs ne font qu'un Cœur très unique, qui est rempli d'un amour infini de la Très Sainte Trinité, et d'une charité inconcevable au regard des hommes. » — ibid., c. III.

1er Cœur. Le premier Cœur de l'Homme-Dieu, c'est son Cœur corporel, qui est déifié par l'union hypostatique, — ibid., l. XII ;

2e Cœur. *a*) Le Cœur spirituel de l'Homme-Dieu est la partie supérieure de son âme sainte qui comprend sa mémoire, son entendement et sa volonté, et qui est particulièrement déifiée par l'union hypostatique. — ibid., c. II. — *C'est le sens général*.

b) Le second Cœur de Jésus, c'est son Cœur spirituel, qui est la volonté de son âme sainte, laquelle est une faculté purement spirituelle dont le propre est, d'aimer ce qui est aimable et de haïr ce qui est haïssable. — ibid., l. x. — *C'est le sens restreint*.

3e Cœur. Pour le Cœur divin, ou troisième Cœur de Jésus, le V. P. Eudes envisage l'amour divin sous les trois modes selon lesquels il est en Dieu : l'amour *essentiel*, l'amour *notionel* ou spiration active, unique pour le Père et pour le Fils ; et la spiration passive ou le Saint-Esprit qui est l'amour *personnel*. De ces trois amours ou cœurs, il en fait le troisième Cœur, le Cœur divin de Jésus, lequel, avec les deux autres, ne font qu'un seul et même Cœur de Jésus.

a) L'amour *essentiel*, commun aux trois Personnes divines, tient à la nature de Dieu ; il en est en quelque sorte, l'attribut par excellence : « Cor Dei, dit s. Grégoire, intima ejus voluntas, intima ejus caritas. » C'est de lui qu'il est dit dans la doxologie des hymnes de l'office : « Amor *Pater* clementiæ ; amor *Redemptor* omnium, amor Deus *fons* gratiæ ; regnes in omne sæculum, amen. – ibid., Nilles, op. cit., II, p. 51. — En un mot, c'est « cet amour, l'un des admirables attributs de la divine essence, qui est le Cœur du Père, du Fils et du Saint-Esprit. Adorer le Cœur de Jésus, c'est donc adorer le Cœur du Père, du Fils et du

Saint-Esprit. — Cœur admirable, l. I, c. II; et l. XII, c. XI. »

Dans ce sens, Marie Lataste, t. III, dit : « Le Cœur de Dieu c'est le Cœur du Père ; c'est le Cœur du Fils ; c'est le Cœur du Saint-Esprit. Ce sont trois Cœurs divins qui n'en font qu'un », et Le Chevalier, p. 610. « Ce même Cœur, s^e Mechtilde l'appelle le Cœur de la Sainte Trinité. » C'est cet amour qui par tous les auteurs est désigné comme le principe et la source de l'Incarnation et de tous les mystères de la vie de Notre-Seigneur.

b) Le second mode de l'amour, en Dieu, qui fait partie du Cœur divin de Jésus, est indiqué par le P. Eudes, dans cette strophe de l'hymne de Matines : Ave, *Patris* mirabilis, et *Unici* Cor *unicum*, *Origo* sacri Flaminis. C'est le Cœur divin que notre Sauveur a de toute éternité dans le sein adorable de son Père, qui n'est qu'un Cœur et qu'un amour avec le Cœur et l'amour de son Père, et qui avec le Cœur et l'amour de son Père, est le principe du Saint-Esprit. — Cœur admirable, l. XII, médit. 6. »

Tout ceci est doctrine courante dans les Facultés de théologie catholique, et conforme à s. Thomas, I^a, q. 37, a. 2. — « Diligere in divinis dupliciter sumitur : essentialiter (nous venons de le voir) et notionaliter. Secundum quod essentialiter sumitur, sic Pater et Filius non diligunt se Spiritu Sancto, sed essentia sua. Secundum vero quod notionaliter sumitur, sic diligere, nihil aliud est quam *spirare* amorem, sicut, dicere, est producere verbum, et florescere, est producere flores, sicut ergo dicitur, arbor florens floribus, ita dicitur Pater dicere Verbo vel Filio se et creaturam ; et Pater et Filius dicuntur diligentes Spiritu Sancto, vel amore procedente, et se, et nos. »

Ainsi, le Saint-Esprit, spiration passive, procédant de la spiration active du Père et du Fils, *ut amor per modum voluntatis*, on peut dire que le Cœur de Jésus, *est origo sancti Flaminis*.

c) En troisième lieu, le Cœur divin de Jésus est le Saint-Esprit qui est dans la Trinité sainte, l'amour *Personnel*, et qui, à ce titre, peut s'appeler le Cœur du Père et du Fils — Cœur adm., l. XII, c. II. — C'est par le Saint-Esprit que le Verbe aime son Père. Or, cet Esprit Saint qui est amour procède du Verbe ; il en est donc l'amour, le Cœur, comme il est son Esprit. C'est dans ce sens que le V. Père comprend, et commente : Ezech., XXXVI, 26. « Dabo vobis Cor novum et Spiritum novum ponam in medio vestri.

Ces mots, il les emprunte pour la première leçon de son office, et il les commente dans le deuxième répons comme il suit : « Spiritum et Cor meum ponam in medio vestri ut diligatis Deum corde magno et animo volenti. Quoniam estis filii Dei et membra Christi, posuit Deus Spiritum sanctum et Cor Filii sui, in medio vestri, ut cum Patre et Capite vestro sit vobis Spiritus unus et Cor unum. » Les noms de *don* et d'*amour* appartiennent en propre au Saint-Esprit, et par suite, il est le Cœur que Dieu nous communique par le don ineffable de son amour. C'est ce divin Esprit, le Cœur du Père et du Fils, que Dieu veut nous donner pour être notre esprit et notre cœur. Il est le Cœur de Jésus, et Jésus comme Dieu, nous l'envoie et nous le donne. » — Cœur adm., l. I, c. II.

d) Enfin, ce même Esprit, est le Cœur de Jésus, car comme nous, mais plus parfaitement, sans comparaison, l'*Humanité sainte de Jésus le reçoit elle-même.* C'est dans ce sens que nous interprétons les textes suivants : « Requievit super eum Spiritus Domini (Isaï., XI, 2): Jesus autem plenus Spiritu Sancto agebatur a Spiritu (Luc., IV, 1). Spiritus Sanctus humanitatem nunquam deseruit, ex cujus divinitate procedit (s. Th., III, q. 7, a. 5, ad. II.)

Le Saint-Esprit, en effet, est dans l'Homme-Dieu, comme en nous, le principe de toute vie surnaturelle. Le V. Père Eudes conclut que : « le divin Cœur de Jésus est le Saint-Esprit, duquel, son Humanité adorable a toujours été plus animée et plus vivifiée que de son âme propre et de son Cœur. — Cœur adm., l. I, c. II, et R. P. Le Doré, op. cit., II, 2e p., c. V, p. 128.

Il résulte de ces textes expliqués avec une admirable érudition par le R. P. Le Doré, que l'objet du culte public du Sacré Cœur de Jésus, d'après le V. P. Eudes, comprend deux Personnes en lesquelles le culte se termine : 1° la Personne de Notre Seigneur Jésus-Christ ; 2° la Personne du Saint-Esprit amour Personnel qui, avec l'amour *essentiel* commun aux trois Personnes divines (donc au Fils), et l'amour *notionel* ou spiration active unique pour le Père et pour le Fils, constitue le troisième Cœur de Jésus, et est désigné sous le nom de « Cœur divin de Jésus ». Remarquons pourtant que le Saint-Esprit dans ce culte n'est pas adoré absolument en lui-même en tant que Saint-Esprit mais en tant qu'élément de l'objet du culte du Sacré Cœur.

Quant à la *fin* ou aux fins proposées à sa dévotion, le V. Jean Eudes n'a rien de spécialement recommandé. Il se contente des fins générales inséparables de ce culte : la correspondance, la reconnaissance, la réparation.

Ses *caractéristiques* sont : un seul cœur dans lequel sont contenus les deux bustes ou figures de Jésus et de Marie se regardant ; au-dessous de ces figures, on lit les deux noms correspondants ; le cœur est surmonté d'une croix et entouré jusqu'auprès de la croix de deux rameaux, l'un de roses du côté de Jésus ; l'autre de lis, du côté de Marie. Cette représentation tient au caractère de la dévotion du saint apôtre des Sacrés Cœurs ; car pour lui, le Sacré Cœur de Marie contient le Sacré Cœur de Jésus, et vice versa ; ou plutôt, les deux Cœurs n'en font qu'un, malgré que chacun ait sa fête propre.

Le V. Eudes n'a pas de *promesses* particulières pour le culte qu'il propage. Il ne promet que des grâces et des récompenses en général.

Infatigable dans son zèle pour la gloire du Cœur de Jésus, on doit lui accorder la priorité en tout, sauf pour l'approbation de l'office et de la messe selon le style ordinaire et les formes régulières, c'est-à-dire en passant par la Congrégation des Rites.

Pour résumer, au point de vue du culte public et liturgique, au V. P. Eudes sont dus :

La première fête en l'honneur du Sacré Cœur de

Jésus, dès 1643.—« Le P. Le Doré, op. cit., I, p. 199.

Le premier autel, en l'honneur des Sacrés Cœurs de Jésus et de Marie. C'était l'autel du Rosaire de l'église paroissiale de Saint-Sauveur-le-Vicomte, en 1644. — ibid., p. 75.

Le premier hommage rendu par l'autorité suprême de l'Église, en l'honneur du Cœur de Jésus et du Cœur de Marie, en 1666. En effet, le 14 août 1666, Alexandre VII « ayant appris que dans la chapelle de N.-D. des Vertus, située dans l'enclos du cimetière de s. Martin, faubourg de Morlaix, de l'évêché de Léon, il y avait une pieuse et dévote Confrérie, en l'honneur du Cœur de Jésus et du Cœur de sa Mère », daigna approuver, en la forme ordinaire, cette confrérie, et lui accorda des indulgences. — ibid., p. 184.

Les premiers honneurs liturgiques (au moins indirectement) de par l'autorité du Saint-Siège dans l'approbation du culte liturgique du Sacré Cœur de Marie, en 1668.

Le vénérable serviteur de Dieu, en effet, comprend comme il suit, l'objet du culte du saint Cœur de Marie. « Cette Mère de belle dilection, a trois cœurs, dit-il : le premier c'est son cœur *matériel* ; le deuxième, c'est son cœur *spirituel*, qui est surtout sa volonté et son amour pour Dieu, pour son divin Fils et pour les hommes ; le troisième, c'est son cœur *divin*, qui est son divin Fils avec lequel elle n'a qu'un seul et même cœur, ou si l'on veut, son cœur *divin*, c'est le Cœur de son divin Fils, ou encore, Jésus tout aimant et tout aimable, et ces trois cœurs n'en font qu'un, qui est le Cœur admirable de la Mère de Dieu. » — Le Cœur adm., passim.

Vers 1641, ce grand serviteur de Dieu composa un office à neuf leçons, du saint Cœur de Marie ; il le fit approuver par l'évêque de Bayeux et il s'en servit pour célébrer la fête du très saint Cœur de Marie en 1643, dans le séminaire de Caen et dans la communauté de N.-D. de Charité. Or cet office, et la messe aussi, probablement, était tout empreint de la dévotion au Sacré Cœur de Jésus.

En 1648, l'office et la messe propres du saint Cœur

de Marie sont approuvés par Mgr de Ragny, évêque d'Autun, et servent pour célébrer très solennellement dans sa cathédrale la fête du Très Saint Cœur de Marie. Or dans cet office, les leçons du IIe nocturne sont en l'honneur du Saint Cœur adorable ; ces leçons se retrouvent dans l'édition de 1652, au deuxième et au troisième jours de l'octave. De même dans la messe, une place est réservée au Sacré Cœur de Jésus.

De 1648 à 1668, ces office et messe propres, retouchés dans différentes éditions, mais le fond restant le même, furent approuvés : 1° par de nombreux évêques, entre autres, par ceux de Soissons, de Bourges, de Toul, du Puy, de Paris, de Coutances, d'Evreux, etc., etc. ; 2° par des docteurs de Sorbonne, à différentes reprises, en particulier par une commission de sept desdits docteurs ; enfin 3° par le cardinal de Vendôme, légat *a latere* en France, du pape Clément IX. Pour abréger, nous ne donnerons que le texte de l'approbation :

« Louis de Vendôme, cardinal diacre de la sainte Eglise Romaine, du titre de Ste-Marie *in Porticu*, légat *a latere* du Saint-Siège apostolique et de notre Saint-Père le Pape Clément IX, Nous, ayant vu le livre qui a pour titre : Office du Très Saint Cœur de la Be Vierge Marie, livre approuvé par des archevêques, des évêques et des docteurs ; de l'autorité apostolique dont nous usons en ce point, louons, approuvons et confirmons cette louable et utile dévotion envers le Très Saint Cœur et le glorieux Nom de la Vierge Marie.

Donné à Paris le 2 juillet 1668. — Signé : cardinal de VENDÔME, légat ; et plus bas : de BONFILS, auditeur et secrétaire de la légation — et scellé. »

Le V. P. Eudes ajoute : « Remarquez que les actes de la légation de Mgr le cardinal de Vendôme, ont été confirmés à Rome par le Saint-Siège apostolique et par notre Très Saint-Père le Pape Clément IX. Et ainsi, voilà la dévotion et la fête du divin Cœur de la Mère de Dieu, autorisée et confirmée, non seulement par un légat *a latere*, mais même par un Souverain Pontife, Clément IX. » — ibid., l. VIII, c. II,

Il résulte de cette approbation pontificale donnée au culte liturgique du saint Cœur de Marie, que le culte du Sacré Cœur de Jésus, fut en quelque sorte approuvé au même degré, par *concomitance et implicitement.*

Mais ici une grave objection se présente : moins d'un an après l'approbation du cardinal de Vendôme, le même livre ayant été présenté à la Sacrée Congrégation des Rites, la dite Congrégation refusa de l'approuver, « Supplicatum fuit, in S. Rit. Congregatione, pro approbatione officii cum missa Sanctissimi Cordis B. M. Virginis... impressi Galliarum an. 1650, etc. Et S. eadem Rit. Congregatio respondit : non esse approbandum. Die 8 jun. 1669.

Nous répondons que par ce refus, ni la dévotion, ni le culte public, ni les approbations accordées au V. P. Eudes, ne furent attaqués. Ce ne furent ni le légat, ni le pape qui révoquèrent l'autorisation une fois donnée. Ce ne fut pas davantage la Sacrée Congrégation des Rites qui annula cette autorisation Le V. Père s'était adressé au légat et par le légat au pape ; mais dans le cas présent qu'on nous objecte : ce furent d'autres personnes (les Bénédictines d'Arles, croit-on) qui postulèrent, non pas auprès du légat ou du pape, mais auprès de la Congrégation : donc, ce furent d'autres qui refusèrent à d'autres.

Enfin, au sujet de la valeur des approbations épiscopales, dont le nouveau culte (du Sacré Cœur de Jésus comme nous le constaterons incessamment) se prévaut, le saint fondateur, émet l'opinion commune du clergé français de cette époque, en ces termes : « Je réponds avec s. François de Sales, et avec un grand nombre de très illustres et savants prélats, et de grands docteurs, que chaque évêque, dans son diocèse, spécialement en France, a le même pouvoir en ce sujet que le souverain Pontife en toute l'Eglise. » — Circulaire du 29 juil. 1672.

Par les bulles de Pie V, de Clément VIII et d'Urbain VIII, les Souverains pontifes se réservent *dans toute l'Eglise*, le droit liturgique, pour l'approbation de nouveaux offices et de nouvelles messes à introduire dans le propre de chaque diocèse ; ce qui n'empêcha pas les évêques de France de continuer à croire que ce droit leur appartenait toujours, et d'agir en conséquence. Etaient-ils dans l'erreur ? Rome ne prit pas l'initiative de les rappeler à l'observance du droit commun.

Les Eudistes continuèrent donc, comme il est dit, le culte public du saint Cœur de Marie, munis de l'autorisation pontificale, dans la forme indiquée, et celui du Sacré Cœur de Jésus avec la seule permission des évêques. Deux siècles plus tard, en 1861, la Sacrée Congrégation des Rites daigna accorder, pour le Sacré Cœur de Marie, ce que en 1669 elle avait cru devoir refuser, et revêtit également de sa haute autorité, les offices et la messe du Sacré Cœur de Jésus, à l'usage des Eudistes, que seule, l'approbation épiscopale légitimait.

Enfin est dû au V. Jean Eudes *le premier acte* (nul, alors, au moins matériellement) rédigé par l'autorité épiscopale sur le culte et la fête du Sacré Cœur de Jésus, le 8 mars 1670. En effet, dans les lettres d'institution de son grand séminaire, dont il confiait la direction aux Eudistes, Mgr de la Vieuxville, archevêques de Rennes, « permet aux dits prêtres de la Congrégation (du Père Eudes) de célébrer solennellement tous les ans, le 31 août, la fête du Cœur adorable de Notre Seigneur Jésus-Christ avec Octave, et de se servir pour cet effet, d'office et de messe propres, et de faire le même office double, le premier jeudi de chaque mois non occupé, etc. » — R. P. Le Doré, ibid., I, p. 207.

Il nous reste maintenant à dire un mot, touchant *l'accueil fait par l'Eglise*, à la propagation du culte du Sacré Cœur de Jésus par le V. P. Eudes.

Après l'examen des faits, au V. P. Eudes revient l'insigne honneur, d'être l'auteur du culte liturgique du Sacré Cœur de Jésus [1], et au point de vue de

1. V. P. Eudes est : auctor liturgici cultus SS. Cordium Jesu et Mariæ, il est l'auteur du culte liturgique des SS. Cœurs de Jésus et de Marie. — Décret de la S. Congr. des Rites approuvé par SS. Léon XIII le 6 janvier 1903.

son influence : la conservation de ce même culte (fruit de son apostolat) dans ses Instituts religieux, le tout jusqu'en 1861 par la seule autorisation des évêques (comme nous l'avons déjà signalé), accordée, de bonne foi, contre le droit liturgique réservé au Souverain Pontife. Dès le commencement quelques Instituts religieux adoptèrent, sans recourir à Rome, la liturgie du V. P. Eudes ; puis ils s'en détachèrent peu à peu. Actuellement les Bénédictines du Saint Sacrement conservent encore les deux prières chères au saint fondateur : *Ave Cor sanctissimum*, et : *Benedictum sit Cor...*

Le partage de la b[e] Marguerite-Marie, sera la diffusion de la dévotion, l'institution de la fête demandée par Notre Seigneur ; avec sa liturgie, de par la Sacrée Congrégation des Rites et le Pontife Romain, dans tout l'univers catholique. Ceci soit dit sans préjudicier à la propagande des Eudistes à l'instar de leur Père dans les différentes régions de l'univers où ils sont établis.

Donc, le V. P. Eudes a institué le culte liturgique ; la b[e] Marguerite-Marie l'a donné à toute l'Église, indépendamment de lui.

Elle, Dieu aidant, a réussi complètement sans le V. P. Eudes ; le P. Eudes a commencé, mais il n'a eu, en fait, qu'un tout petit lot pour lui. L'Église catholique, n'a généralement jusqu'ici, connu d'autre apôtre et évangéliste du Sacré Cœur, dont elle se réclame pour le culte qu'elle pratique, que la très humble et très aimante fille de s. François de Sales.

Au point de vue de la dévotion, de la fête et du culte liturgique du Sacré Cœur de Jésus, le V. P. Jean Eudes avait tous les titres pour aspirer à la paternité à notre égard ; mais Dieu a voulu que, sous tous ces rapports, nous soyons les disciples de la b[e] Marguerite-Marie pour la dévotion au Sacré Cœur.

Le résumé historique des faits les plus saillants va nous le prouver. Mais avant, afin de mieux faire ressortir l'importance et l'efficacité de ces faits, signalons l'une des principales causes qui, d'après les desseins de la divine Providence, a fait qu'une humble religieuse renfermée dans son cloître et destituée de tout moyen humain, a réussi dans cette difficile entreprise, qui avait contre elle des ennemis nombreux et acharnés. Cette cause de succès pour la fidèle et bien-aimée Disciple du Sacré-Cœur, fut *la mission* qu'elle reçut de Jésus-Christ lui-même, de faire connaître son divin Cœur dont il lui révéla les merveilles, d'en propager la dévotion et d'obtenir, pour l'honorer, l'institution d'une fête, pour le jour qu'il lui désignait.

La réalité de cette mission est reconnue dans les pièces authentiques rédigées par le R. P. de Gallifet et par lui présentées officiellement dans les formes régulières et le style accoutumé à la Congrégation des Rites en 1726 et 1728 sous Benoît XIII, pour la cause du Sacré Cœur ; et dans son ouvrage intitulé : « De l'excellence de la dévotion au Cœur adorable de Jésus-Christ ; elle est encore établie par le dernier *Mémorial* présenté pour la même cause, à la même Congrégation sous Clément XIII ; par des documents pontificaux et par d'autres preuves très dignes de foi rapportées par des hagiographes très savants et très consciencieux et enfin par la b[e] Marguerite-Marie elle-même cédant aux ordres de ses supérieures et de ses confesseurs.

Les documents authentiques discutés devant la Congrégation romaine et l'ouvrage cité du R. P. de Gallifet déclarent ce qui suit : « Quoique dans les siècles passés plusieurs saints aient eu pour le Sacré Cœur de Jésus-Christ les sentiments de dévotion les mieux marqués et les plus tendres, néanmoins le culte de ce divin Cœur, tel qu'il est enseigné et pratiqué de nos jours, n'avait pas avant, été en usage : jusqu'à présent cette dévotion était inconnue au commun des fidèles. Il ne peut donc se faire qu'elle ne soit regardée comme nouvelle par un grand nombre de personnes qui désireront savoir comment et par quelle voie elle est aujourd'hui devenue publique. D'ailleurs, comme la pratique établie de nos jours est effectivement nouvelle, on demandera *d'où elle vient et qui en est l'auteur*. Il est juste de satisfaire à ces demandes, et nous avons cru qu'il était expédient de commencer par là. Nous le faisons d'autant plus volontiers, que le simple récit de ce qui s'est passé à ce sujet est tout propre à rendre cette dévotion infiniment recommandable aux fidèles.

« La dévotion au Sacré Cœur de Jésus-Christ a pour auteur Jésus-Christ même. C'est lui qui l'a révélée, qui en a commandé l'institution, qui en a expliqué la nature, qui en a enseigné la pratique, qui en a prescrit la forme et la méthode, enfin, qui a promis de répandre ses grâces sur ceux qui s'y dévoueraient. » — de Gallifet, op. cit. 9. 10, et *Mémorial* de 1765, numéros 3 et 4. — Puis le R. P. de Gallifet explique comment les révélations particulières sont un des moyens les plus ordinaires que la sagesse divine ait employés de tout temps pour l'exécution de ses desseins, et qu'il y a dans l'Eglise un très grand nombres d'œuvres saintes, extraordinaires et très remarquables, répandues dans toutes les parties de la chrétienté, qui n'ont pas eu d'autre origine.

Ajoutons que ces révélations doivent être acceptées comme étant réellement vraies, dès le moment que Dieu intervient certainement, pour les recommander, par des œuvres que lui seul peut accomplir, dans les conditions où elles se produisent.

Tout cela existe en faveur des magnifiques révélations touchant le Sacré Cœur, faites par Notre Seigneur Jésus-Christ, à l'humble vierge de Paray-le-Monial, puisque ses supérieures lui ayant demandé, à plusieurs reprises, des preuves de l'intervention divine, des miracles, pour attester la vérité de ses révélations ; ces miracles furent obtenus de Dieu, immédiatement, et dans des circonstances qui rendent la vérité et la certitude inébranlables. — Voyez la Vie de la b^{e} Marguerite-Marie, par Mgr Languet, édition de M. l'abbé Gauthey, vicaire général d'Autun. Paris, 1890.

Les documents (Mémorial, etc.) cités plus haut, continuent : « Il y avait dans la petite ville de Paray-le Monial, dans le Charolais, diocèse d'Autun, un couvent de la Visitation Sainte-Marie. Là, une jeune vierge nommée Marguerite Alacoque, qui s'y était consacrée à Jésus-Christ à l'âge de vingt-quatre ans [1], vivait cachée et inconnue à toutes les créatures, mais dans les communications les plus intimes avec son Dieu... *C'est cette vierge innocente que Jésus-Christ choisit pour donner commencement à la dévotion au Sacré Cœur.*

Une fois, (c'est la b^e^ qui parle) le souverain de mon âme me fit voir que l'ardent désir qu'il avait d'être aimé des hommes, et de les retirer de la voie de perdition où Satan les précipite en foule, lui avait fait former le dessein de leur manifester son Cœur. Voilà les desseins pour lesquels je t'ai choisie et fait tant de faveurs. J'ai pris un soin tout particulier de toi dès le berceau. Je me suis rendu moi-même ton maître et ton directeur pour te disposer à ce grand dessein et pour te confier ce grand trésor que je te montre ici à découvert. (Lettres inédites de la Bienheureuse, IVe lettre).

Un jour le Seigneur se présenta à elle et lui découvrant son divin Cœur, lui dit : « Voici le maître que je te donne, lequel t'apprendra tout ce que tu dois faire pour mon amour. C'est pourquoi tu en seras la disciple bien-aimée. » Un autre jour il lui disait encore : « Je veux te faire lire dans le Livre de Vie, où est contenue la science d'amour », et ce disant, il lui montra son Cœur. (Vie et Œuvres de la Bienheureuse, t. I, pp. 65 et 85). — L'Eglise reconnaît ces privilèges dans la prière de l'office et de la messe de la Bienheureuse : « Domine Jesu Christe, qui investigabiles divitias Cordis tui, b^æ^ Margaritæ Virgini, mirabiliter revelasti, etc... »

L'avocat pour l'introduction de la cause de cette admirable amante du Sacré Cœur, Hyacinthe Amici, disait aux EE. Cardinaux de la Sacrée Congrégation des Rites : « Si vous considérez les mérites de cette admirable vierge, vis-à-vis de l'Eglise, elle apparaît l'émule de la b^e^ Julienne de Liège ; car elle

1. Née le 22 juillet 1647 elle entra en religion le 19 juin 1671, âgée par conséquent de 24 ans moins un mois et deux jours. Elle mourut le 17 oct. 1690 à l'âge de 43 ans, 2 mois et 25 jours.

a été choisie par Dieu pour être l'instrument des desseins du ciel dans l'institution du culte et de la fête du Sacré Cœur. » — Rép. au Promoteur de la foi.

Dans les pièces pour l'introduction de cette même cause, nous trouvons une liste, de 22 pages, des éloges donnés à la servante de Dieu, par des évêques, des théologiens, des écrivains célèbres. On ne cite pas moins de quarante auteurs (c'était en février 1824) qui ont loué sa sainteté, ses vertus héroïques *et préconisé son rôle d'apôtre du Sacré Cœur.*

Nous ne pouvons pas ne pas rappeler ici la célèbre apparition qui nous a été transmise par le V. P. Claude de la Colombière dans le « Journal de ses retraites » en ces termes : « Dieu donc s'étant ouvert à la personne (la b[e] Marguerite-Marie) qu'on a sujet de croire selon son Cœur, par les grandes grâces qu'il lui a faites, elle s'en expliqua à moi, et je l'obligeai de mettre par écrit, ce qu'elle m'avait dit, que j'ai bien volontiers décrit dans le « Journal de mes retraites », parce que le bon Dieu veut, dans l'exécution de ce dessein, se servir de mes faibles soins. Etant, dit cette sainte âme, devant le Saint-Sacrement, un jour de son octave (juin 1675), je reçus de mon Dieu, des grâces excessives de son amour. Touchée du désir d'user de quelque retour et de rendre amour pour amour, il me dit : « Tu ne peux m'en rendre un plus grand, qu'en *faisant ce que je t'ai déjà tant de fois demandé.* Et me découvrant son Cœur divin : « Voilà, dit-il, ce Cœur qui a tant aimé les hommes, qu'il n'a rien épargné, jusqu'à s'épuiser et se consumer pour leur témoigner son amour, et, pour reconnaissance, je ne reçois de la plus grande partie, que des ingratitudes, par les mépris, les irrévérences, les sacrilèges et les froideurs qu'ils ont pour moi, dans ce sacrement d'amour. Mais ce qui est encore plus rebutant, c'est que ce sont des cœurs qui me sont consacrés, qui me traitent ainsi. C'est pour cela que *je te demande que le premier Vendredi après l'octave du Saint-Sacrement, soit dédié à une fête particulière pour honorer mon Cœur,* en lui faisant réparation d'honneur par une amende honorable, communiant ce jour-là pour réparer les indignités qu'il a reçues pendant le temps qu'il a été exposé sur les autels ; et je te promets que mon Cœur se dilatera pour répandre avec abondance, les influences de son divin amour sur ceux qui lui rendront cet honneur. »

Enfin, pour abréger, les souverains Pontiefs 1° Pie IX, dans le bref de béatification de la Vén. Marguerite-Marie, confirme et ratifie tout ce qui précède, par ces mémorables paroles : « Or, *pour établir* ce culte si salutaire et si sublime (du Sacré Cœur de Jésus) *et pour le propager au loin parmi les hommes*, notre divin Sauveur a daigné choisir sa servante *Marguerite-Marie*... qui s'est montrée digne d'un emploi et d'un ministère si élevé. » — 19 août 1864.

2° Léon XIII dans sa Lettre encyclique du 25 mai 1899 atteste cette mission en ces termes : « Ce projet dont Nous parlons (la consécration du genre humain au Sacré Cœur de Jésus) ce n'est pas la première fois qu'il est mis en question. En effet il y a à peu près vingt-cinq ans, à l'approche des solennités que ramenait le deuxième centenaire du *jour où la b^e^ Marguerite-Marie Alacoque avait reçu du ciel le mandat de propager le culte du Sacré Cœur*, des supplications furent adressées.., etc. » — Léon XIII, Lettre encyclique « Annum sacrum », 25 mai 1899.

Si jamais, mission divine a été bien établie, certes, c'est celle de cette héroïque et humble vierge. Sur son témoignage reconnu vrai (après un examen compétent et très rigoureux, et à cause des preuves inéluctables qui l'accompagnent — voir sa Vie), reconnu vrai, disons-nous, par l'autorité pontificale, nous avons eu connaissance d'autres missions officielles de la part de Notre Seigneur Jésus-Christ, concernant quelques collaborateurs de la b^e^ Marguerite-Marie pour l'établissement et la propagation de ce culte béni.

Dans cette dernière apparition que nous reproduisions tout à l'heure, il est dit : « Mais mon Seigneur, à qui vous adressez-vous ? A une si chétive créature et pauvre pécheresse, que son indignité serait même capable d'empêcher l'accomplissement de votre dessein ? Vous avez tant d'âmes généreuses pour exécuter vos desseins. — Eh quoi ! pauvre innocente que tu es, ne sais-tu pas que je me sers des sujets les plus faibles pour confondre les forts ? et que c'est ordinairement sur les plus petits et sur les pauvres d'esprit que je fais éclater ma puissance, afin qu'ils ne s'attribuent rien à eux-mêmes ? — Donnez-moi donc, lui dis-je, le moyen de faire *ce que vous me commandez.*

Alors il ajouta : « Adresse-toi à mon serviteur N... (le P. Claude de la Colombière) et dis-lui *de ma part* de faire son possible *pour établir cette dévotion* et donner ce plaisir à mon divin Cœur, » etc.

Dans une lettre du 10 août 1689 adressée par la b^e^ Marguerite-Marie au R. P. Croiset, de la Compagnie de Jésus, il est dit : Quoique ce trésor d'amour (du Sacré Cœur) soit un bien propre à tout le monde, et en qui chacun a droit, il a néanmoins toujours été caché jusqu'à présent qu'il s'est particulièrement donné aux Filles de la Visitation, parce qu'elles sont destinées à honorer sa vie cachée, afin que, leur étant découvert, elles le manifestent et distribuent aux autres. Mais il est réservé aux RR. Pères de la Compagnie de Jésus de faire connaître la valeur et l'utilité de ce précieux trésor. Il attend beaucoup de votre sainte Compagnie pour ce sujet ; il y a de grands desseins. C'est pourquoi il s'est servi du bon P. de la Colombière pour donner commencement à la dévotion de cet aimable Cœur ; comme j'espère que vous serez l'un de ceux dont il se servira pour l'introduire dans votre ordre. » Avant, elle lui avait déjà dit : « Faites donc sans différer ce qu'il (Jésus) *désire* de vous (propager cette dévotion par ses écrits, etc.) car je ne peux m'empêcher de vous dire qu'il me presse ardemment pour cela. »

Après ce qui vient d'être dit dans ce dernier texte, il n'est pas nécessaire d'insister pour prouver la mission de l'ordre de la Visitation pour l'établissement et la propagation de ce culte si salutaire ; toutefois je ne puis m'empêcher de transcrire certains passages d'une lettre de la b^e^ à la R. Mère de Saumaise, où elle lui confie une vision qu'elle a eue, qui confirme la mission des Ordres de la Visitation et de la Compagnie de Jésus, relative au Sacré Cœur: « Il me fut représenté, dit-elle, un lieu fort éminent, spacieux et admirable en sa beauté, au centre duquel il y avait un trône de flammes, dans lequel était l'aimable Cœur de Jésus, avec sa plaie, laquelle jetait des rayons si ardents et si lumineux, que tout ce lieu en était éclairé et échauffé. La très sainte Vierge était d'un côté, notre S. Père François de l'autre avec le S. Père de la Colombière ; et les Filles de la Visitation paraissaient dans ce lieu avec leurs bons anges à leur côté, qui tenaient chacun un cœur en mains. La sainte Vierge nous invitait par ces paroles maternelles : « Venez, mes filles bien-aimées, approchez-vous, car je veux vous rendre dépositaires de ce précieux trésor que le divin Soleil de justice a formé dans la terre virginale de mon Cœur. » Et puis, se tournant vers le bon P. de la Colombière, cette Mère de bonté lui dit : « Et vous, fidèle serviteur de mon divin Fils, vous avez grande part à ce précieux trésor, car s'il est donné aux Filles de la Visitation, de le faire connaître, aimer et distribuer aux autres, il est réservé aux Pères de la Compagnie de Jésus, d'en faire voir et connaître l'utilité et la valeur, afin qu'on en profite en le recevant avec le respect et la reconnaissance dûs à un si grand bienfait. Puis, S. François dit à ses Filles : « Nous prierons dans le Cœur et par le Cœur de Jésus, qui se veut rendre tout de nouveau, Médiateur entre Dieu et les hommes. »

Pour terminer, remarquons sur ce premier point relatif à la mission et à l'apostolat du Sacré Cœur, qu'il en est parlé, comme si le V. P. Eudes n'avait jamais existé. A quoi cela tient-il, puisque le vénérable apôtre des Sacrés Cœurs avait déjà célébré par un culte public, la fête du Sacré Cœur de Jésus avec office et messe propres, autorisé par plusieurs évêques? C'est que le langage des faits nous dit que la divine Providence a élu ce saint fondateur pour être l'apôtre de la dévotion au très saint Cœur de Marie *pour l'Eglise universelle*. Quant au culte public du Sacré Cœur de Jésus pour *l'Eglise universelle*, la mission et l'apostolat en a été confié, providentiellement aussi, à la b[e] Marguerite et aux dignes collaborateurs que nous nommions tout à l'heure; tandis que l'apostolat du V. P. Eudes s'est limité aux Instituts ou Ordres religieux qu'il a fondés.

La mission de l'élue du Sacré Cœur dûment démontrée, nous avons à rechercher, pour en dresser un état abrégé, quelles sont les œuvres les plus saillantes et les évènements providentiels, par lesquels, la b[e] Marguerite-Marie, ses coopérateurs privilégiés, les évêques, les têtes couronnées même, et les souverains Pontifes sont parvenus à établir le culte du Sacré Cœur dans tout l'univers. Le sommaire suivant pourra aider à cette fin.

Causes principales de la propagation de la dévotion au Sacré Cœur telle qu'elle fut révélée à Paray-le-Monial; et série des suppliques présentées à la Congrégation des Rites sacrés pour l'impétration de la fête du Sacré Cœur avec office et messe propres.

(Ce qui démontrera la genèse authentique et légitime du culte liturgique et universel, du Sacré Cœur de Jésus).

1685. 1re image du Sacré Cœur dessinée par la b[e] Marguerite-Marie ; 1er autel élevé au Sacré Cœur (dans le Noviciat de Paray-le-Monial); 1re fête du Sacré Cœur (dans le même Noviciat).

1686. Fête du Sacré Cœur, le 1er vendredi après l'octave de la Fête-Dieu, le 20 juin, célébrée par toute la communauté de Paray, laquelle décide, le même jour, d'ériger une chapelle au Sacré Cœur de Jésus, et en

1688. Bénédiction de cette première chapelle dédiée au Sacré Cœur.

Sont dues au monastère de la Visitation de Dijon, aux trois dates suivantes :

1686. La première édition d'un livre sur cette dévotion, muni de l'imprimatur de l'Ordinaire.

1689. La première célébration solennelle de la fête du Sacré Cœur, avec messe propre chantée.

1692. L'érection de la première Confrérie du Sacré Cœur. Vers cette même époque, des livres (parmi lesquels la « Retraite spirituelle du V. P. Claude de la Colombière » et des images pour la propagation du culte du Sacré Cœur étaient répandues dans tout l'univers catholique.

1691. Publication à Lyon, du livre du R. P. Croiset : « La dévotion au Sacré Cœur de Jésus. »

1694. On compte de ce livre, six éditions à Aurillac, et plusieurs à Bordeaux.

1720. Cessation de la peste à Marseille, et dans d'autres villes de la Provence, comme Avignon, Toulon, etc. par l'invocation du divin Cœur de Jésus. (Voy. *La vie de la b[e] Marguerite-Marie par Mgr Languet, nouvelle édition par M. l'abbé Gauthey, etc. 1890.* » (1)

Ordre chronologique des suppliques, etc., dont nous parlions plus haut :

1687. 1re requête sous Innocent XI, présentée à la Congrégation des Rites, par le monastère de Dijon aux instances de la b[e] Marguerite-Marie et par l'intermédiaire du cardinal Cibo, pour obtenir la célébration de la fête du Sacré Cœur avec sa liturgie propre et *pour toute l'Eglise.*

Il fut répondu de s'adresser aux Ordinaires pour la célébration licite *de la fête* (sans messe ni office propres, que lesdits ordinaires ne pouvaient accorder).

1697. Supplique sous Innocent XII, adressée par le monastère d'Annecy au nom de toute la Visitation, sous le patronage de Marie-Béatrix-Eléonore d'Este, épouse de Jacques II, roi d'Angleterre, détrôné en 1690.

Le rapporteur fut le cardinal de Janson, et le *Mémorial* fut rédigé par l'un des postulateurs, Frigidiano Castagnori, avocat au Sacré-Palais.

Pour cause de nouveauté, la requête fut rejetée, et au lieu de ce qui était demandé, la Congrégation accorda simplement la permission de célébrer le vendredi d'après l'octave du *Corpus Christi*, la messe des Cinq-Plaies dans les monastères de la Visitation. Voici le texte :

1, 1729. Publication de la *Vie de la B[e] Marguerite-Marie*, par Mgr Languet de Gergy.

« Décret pour Genève [1],

La Congrégation des Rites sacrés :

Oui les humbles prières que Marie, la Sérénissime reine d'Angleterre, a présentées à notre saint Seigneur, et qui ont été renvoyées à la même Congrégation des Rites sacrés ;

Sur le rapport de l'Eminentissime et Révérendissime cardinal de Janson,

A accordé et concédé par faveur aux religieuses de la Visitation de la b[e] Vierge Marie, de l'Institut de S. François de Sales, qu'il soit permis aux prêtres de célébrer dans les églises de ces religieuses, le vendredi après l'octave de la fête du *Corpus Christi*, les messes des Cinq-Plaies de Notre-Seigneur, si Sa Sainteté le veut bien. » 30 mars 1697. — (ratifié par Innocent XII le 3 avril suivant.

1727. Sous Benoît XIII. Instance. Les postulateurs furent : Mgr de Belzunce (Marseille) ; Mgr Constantin Szaniawsky (Cracovie) ; le monastère de Paray-le Monial au nom de tout l'ordre ; les rois : Philippe V (Espagne), et Auguste II (Pologne). Le R. P. de Gallifet écrivit, présenta et défendit le *Mémorial*.

Pour les motifs de *a*) nouveauté ; *b*) de défaut d'examen juridique des écrits de la b[e] Marguerite-Marie ; *c*) d'incertitude de l'opinion qui considère le cœur comme étant le coprincipe de production des affections sensibles : le 12 juillet 1727 :

La Sacrée Congrégation répondit : *non proposita*, c'est-à-dire : il ne faut plus insister.

1728. Mais l'infatigable zélateur du Sacré-Cœur (P. de Gallifet) sous le même Benoît XIII insista auprès de la Congrégation, par les : « Nouvelles observations pour la concession, etc. » ; il fut secondé par les évêques de Pologne, dont le *Mémoire* avait pour titre : « Compendium des motifs pour la concession, etc. »

La Congrégation répondit : *Negative*. Négativement. 30 juillet 1729.

1765. Enfin sur les instances implicites des pre-

1. Le titre épiscopal de Genève appartenait alors à l'église d'Annecy.

miers postulateurs (le roi d'Espagne excepté) auxquels nous devons ajouter : Auguste III, roi de Pologne, + 1763 ; Stanislas Ier, roi de Pologne, + 1766 ; Marie Leczinska, reine de France, + 1768 ; Clément François, duc de Bavière, † 1770 ;

Plus de 140 cardinaux, évêques, archevêques, chapitres, ordres religieux ;

Plus de 1090 confréries ;

Et de fait, sur la nouvelle demande particulière des évêques de Pologne, spécialement de ceux dont les noms figurent dans les actes authentiques :

Wenceslas Sierakowski ; archev. de Léopol ou Lemberg ;

Ignace Massalski, év. de Vilna (ou mieux Vilno) ;

Jérôme Szeptycki, év. de Plock ;

André Bayer, év. de Culm ou Kulm ;

Joseph-André Zaluski, év. de Kamenetz ou Kamenetz-Podolsk ;

Adam Stanislas Grabowski, év. de Warmie ou Ermeland ;

Valentin Wezyk, év. de Chelm ;

et de l'Archiconfrérie romaine du Sacré Cœur ;

L'an 1765 la Congrégation des Rites, annulant au préalable la décision du 30 juillet 1729, déféra à cette dernière instance. D'abord par un premier acte du 26 janvier 1765 elle constate en ces termes que la faveur est accordée : « Au sujet de l'instance de la supplique pour la concession d'un office et d'une messe propres, en l'honneur du très Sacré Cœur de Jésus. La Congrégation répond : « Cette grâce est accordée aux évêques du royaume de Pologne ainsi qu'à l'Archiconfrérie de Rome sous le titre du Sacré Cœur de Jésus. Donné à Rome le 26 janvier 1765 ».

Puis faisant l'exposé de cette séance, elle rédige le décret suivant qu'elle présentera à l'approbation du pape.

« Sur la demande des Révérendissimes évêques de Pologne, et de l'Archiconfrérie de Rome érigée sous le titre du Sacré Cœur de Jésus, en faveur d'un office et d'une messe propres de ce divin Cœur ;

La Congrégation des Rites sacrés,

Dans sa séance du 26 janvier de cette année, sachant parfaitement que le culte du Cœur de Jésus est aujourd'hui répandu dans presque toutes les parties du monde catholique, avec l'approbation des évêques, et qu'il a été favorisé d'un grand nombre de brefs d'indulgences, accordés par le Saint-Siège apostolique à une multitude presque innombrable de confréries érigées canoniquement sous le titre du Cœur de Jésus ;

Et comprenant en même temps que, par la concession de cet office et de cette messe, il s'agit simplement d'amplifier un culte déjà établi ;

Et de rappeler symboliquement le souvenir de ce divin amour par lequel le Fils unique de Dieu s'est revêtu de la nature humaine, et se faisant obéissant jusqu'à la mort, s'est donné aux hommes, a-t-il dit, comme exemple, qu'il était doux et humble de cœur :

A ces causes ;

Sur le rapport de l'Eminentissime et Révérendissime cardinal-évêque de Sabine ;

Oui le R. P. Cajetan Forti, Promoteur de la foi ;

Annulant au préalable la décision du 30 juillet 1729 ;

A cru devoir déférer aux prières des évêques de Pologne et de la susdite Archiconfrérie de Rome, se réservant de délibérer dans la suite sur l'office et la messe qui doivent être dûment approuvés.

Ce vœu de la Congrégation ayant été soumis à Notre Saint Père le Pape Clément XIII par moi, secrétaire soussigné, Sa Sainteté après en avoir lu la teneur, lui a donné une entière approbation.

Le 6 février 1765 et scellé.

Signé
Joseph Marie, Card. FERONI,
Préfet
S. BORGHÈSE,
Secrétaire de la S. C. des Rites à Rome,

MCCLXV, de la typographie de la Chambre Apostolique »[1].

Dans ce décret nous reconnaissons la genèse, *se-*

---

1. Gardellini. *Decreta authentica S. R. Congreg.*, III, 174, n. 4579, nota 3.

lon le style ordinaire et les formes régulières, du culte authentiquement liturgique de cette dévotion qui *enseignée à Paray-le-Monial* par Notre-Seigneur à la B^e^ Marguerite-Marie, fut, en peu de temps, propagée dans tout l'univers catholique, et y fleurit toujours davantage. *De la dévotion inaugurée à Paray-le-Monial*, disons-nous, car après comme avant ce décret, *la filiation* envers la B^se^ Marguerite-Marie, aussi bien pour l'origine que pour la diffusion du culte du Sacré Cœur, est proclamée partout et par tous.

Avant le décret, cette filiation nous est démontrée par le précédent résumé des faits qui s'arrête précisément à la date de la promulgation de ce décret; *après*, elle est non moins évidemment prouvée par les actes les plus solennels de tout l'épiscopat catholique et du souverain pontificat. Citons entre autres : le procès-verbal (17 juillet) de l'assemblée générale du clergé de France, tenue à Paris (1765) sur l'établissement de la fête et de l'office du Sacré-Cœur dans tous les diocèses de France, aux instances de la reine Marie Leszczynska, s'inspirant de la dévotion de Paray-le-Monial ;

le décret de Pie IX du 23 août 1856, promulgué à la prière des Évêques de France, pour l'extension de la fête du Sacré-Cœur à toute l'Église ;

le vœu des Pères du Concile du Vatican (1870-1871) présenté au Souverain Pontife pour l'élévation de la fête du Sacré-Cœur au rite de première classe ; et pour que Sa Sainteté entourée de cette auguste couronne des Pères du Concile daignât, le jour de la fête du Sacré-Cœur, lui consacrer solennellement l'Eglise universelle ;

la lettre apostolique de Léon XIII du 28 juin 1889, élevant la fête du Sacré-Cœur au rite double de première classe ;

cet incendie qui de la cime du Mont des Martyrs élève jusqu'au ciel les flammes de la charité, allumé non point par ce feu que gardaient les vierges folles de Vesta, mais par le véritable feu sacré qui brûle dans le cœur des vierges parodiennes, filles du doux François de Sales, et dans celui de leur virginal Epoux : et enfin l'Encyclique de Léon XIII du 25 mai 1899, sur la consécration du genre humain au Cœur très Sacré de Jésus. Dans tous ces actes c'est la tradition de Paray-le-Monial qui est invoquée.

Nous avons déjà fait pressentir qu'il n'est pas indifférent de connaître ou de ne pas connaître la doctrine de la dévotion au Sacré Cœur de Jésus, selon qu'elle est donnée par l'un, ou par l'autre, de ces deux grands initiateurs. Chacun avait dans l'objet, dans la fin, dans les pratiques, dans les promesses, etc. de sa dévotion, des spécialités qui la caractérisent, lui donnent son tempérament et sa physionomie propres, que réciproquement, l'autre ne rejette pas, mais, qu'il n'adopte pas dans le même esprit et dans les mêmes conditions.

Il convient, par conséquent, après avoir présenté la théorie du culte du Sacré Cœur par le V. Jean Eudes, que nous exposions aussi celle que la B[e] Marguerite-Marie eut la mission de nous enseigner. Ainsi posséderons-nous la doctrine intégrale de cette dévotion. Nous disons, *intégrale*, parce que, comme ceux de la bienheureuse, les enseignements du V. Jean Eudes jouissent de l'approbation du suprême magistère de l'Eglise.

Quelle est donc la définition du culte du Sacré Cœur selon que la bienheureuse l'apprit de la bouche même de Notre Seigneur Jésus-Christ ? Quant aux deux éléments essentiels de son objet : le cœur et la charité, elle est exprimée avec une autorité indiscutable dans le document susdit de la Congrégation des Rites. Ce document en effet résout deux questions d'une très grande importance : l'une de droit, l'autre de fait. La *question de droit* se rapporte à l'objet du culte. Elle a été résolue par la détermination officielle de l'objet du culte public du Sacré Cœur, en ce qui est nécessaire et strictement essentiel. « Comprenant, dit la Congrégation, que par la concession de cet office et de cette messe, il s'agit simplement... de rappeler *symboliquement* (sous le symbole du Cœur de Jésus) le souvenir *de ce divin amour* (la charité du Fils de Dieu) par lequel le Fils de Dieu s'est revêtu de la nature humaine... etc. »

La *question de fait* a été également résolue par la même autorité, affirmant l'existence du culte du Sacré Cœur de Jésus « dans presque toutes les parties du monde catholique ».

Remarquons qu'il s'agit de ce culte, tel qu'il est expliqué par les postulateurs dans leur *Mémoire*, et qu'ils font remonter (nous l'avons déjà constaté) jusqu'à la b[e] Marguerite-Marie, et par elle, à Notre Seigneur Jésus-Christ.

Pour tout résumer plus distinctement, on peut dire que par ce décret il est déclaré : 1° que le culte était légitimement en honneur dans presque tout l'univers ; 2° que par la concession de la grâce demandée, il serait non pas altéré ou changé, mais uniquement amplifié ; 3° quel est l'objet de ce culte ; 4° que la Congrégation accueillît la demande des postulateurs en faveur du culte dont l'objet, la nature, la fin, etc., étaient exposés dans leur *Mémoire*, sans rien y corriger ni changer ; d'où il résulte que les arguments tirés de ce *Mémoire* pour déclarer et confirmer la nature du Sacré Cœur, ont une force et une importance qui leur est particulière.

Mais tout le monde n'admit pas ce document de la Congrégation, dans son sens littéral et vrai ; plusieurs au contraire, surtout à Rome, et dans différentes régions d'Italie, d'Allemagne et de France, le publièrent accompagné d'interprétations fausses, et réciproquement contradictoires.

Nous avons donc à relever d'abord trois opinions opposées à la vraie définition que nous donnerons à la suite.

1re *opinion* — ou *erreur*, pour mieux dire. C'est celle des jansénistes, principalement de ceux qui en 1786, prirent part au synode de Pistoie. Le Cœur physique de Jésus, prétendent-ils *a*) ne fut ni reconnu, ni admis par la Congrégation des Rites et par le Souverain Pontife, comme objet du culte public ; *b*) il n'est pas adorable ; *c*) les catholiques qui lui rendent culte, le séparent du reste de l'Humanité et de la Personne de Jésus ; *d*) et sont, par conséquent, entachés de nestorianisme, etc., etc.

IIe opinion. — Elle est soutenue par ceux qui supposent que *seule la charité* a été proposée par l'Eglise, comme objet du culte liturgique du Sacré Cœur. Dans ce culte, d'après eux, le cœur physique n'est qu'un signe de ralliement dont on emprunte le nom. Ils ne nient pas, pourtant, que le Cœur physique soit digne d'être adoré [1].

IIIe opinion, — tout le contraire de la précédente, enseigne que *seul le Cœur réel*, à l'exclusion de la charité, est l'objet du culte ecclésiastique du Cœur de Jésus. Ces auteurs appellent le Cœur, objet ; et la charité, motif. Ce langage est correct, mais ils ont omis d'expliquer (ce qu'ils ne nieraient pas) que dans le cas présent la charité est à la fois et objet et motif [2].

Il convient donc de confirmer par des preuves inéluctables la vraie doctrine de ce culte, que jusqu'ici nous avons seulement indiquée ; ainsi connaîtrons-nous le caractère, l'évolution et la véritable physionomie de ce culte du Sacré Cœur, dont nous avons recensé la vraie genèse, au double point de vue privé et public. Donc, en

IVe lieu, nous affirmons que le culte du Sacré Cœur, approuvé par le Saint-Siège et rendu obligatoire pour toute l'Eglise, est le culte du *Cœur symbolique* de Jésus. C'est aujourd'hui le sentiment commun, et, pourrions-nous ajouter, *unique*, dans l'Eglise, sauf peut-être, quelques très rares exceptions dénuées de toute autorité. Il nous incombe de le prouver. De plus, pour tenir notre engagement nous disons par une définition essentielle et à la fois descriptive afin de présenter l'ensemble du sujet sous son caractère particulier, nous disons que : l'objet de la dévotion ou du culte public du Sacré Cœur de Jésus, est « l'*amour* de Notre Seigneur Jésus-Christ *démontré dans son*

---

1. Feller. Note sur la proposition 63 de la Bulle *Auctorem fidei*. Voy. card. Gerdil, *Œuvres*, VI, 283.

2. Perrone, *Prælectiones theologicæ*, *Tractat. de Incarn.*, t. III, 131, Paris, 1853. — et Schouppe, *Elementa theol.* I, 473. — Voy. Martorell et Castella. *Theses de cultu S. Cordis Jesus*. p. 71.

Cœur matériel »[1], ou (ce qui revient au même) : c'est, *le Cœur matériel* de Jésus, *représentant son amour*; *tout* son amour, disons-nous, mais plus spécialement son amour pour les hommes, poussé jusqu'au sacrifice le plus complet, et à la fois *méprisé*, principalement dans le Très Saint-Sacrement, par une multitude innombrable surtout de chrétiens, et plus spécialement encore par des personnes qui lui sont consacrées.

Cet amour ineffable est la raison pour laquelle, dans cette dévotion, ce Cœur divin symbolisant l'amour de Jésus, est représenté *blessé* par la lance du soldat, ceint d'*une couronne d'épines*, surmonté d'*une croix*, et avec les *flammes de la charité* jaillissant de ce même Cœur et répandant au loin leur divin *rayonnement* ; ce même amour inoui est encore la cause pour laquelle le culte dont il est l'objet a pour but de faire naître et de développer l'amour de Dieu dans le cœur des hommes et de leur inspirer l'esprit de réparation et d'amende honorable pour les injures et les outrages qu'il reçoit, principalement dans le Très Saint-Sacrement (sacrement de son amour pour nous) et pendant qu'il est exposé sur les autels.

Telle est la définition, le sens complet et particulier du culte du Sacré Cœur dans l'Eglise universelle ; les arguments que nous devons présenter nous en démontreront la vérité. Mais, comme on ne connaît la nature d'un culte que par l'objet de celui-ci considéré sous certaines formalités, c'est à dire sous certaines propriétés, qualités ou rapports bien définis et déterminés ; il convient de donner d'abord les notions nécessaires sur l'objet du culte en général ; puis, avec preuves à l'appui nous appliquerons ces notions à notre sujet.

---

1. Ferdinand Tetam. *Diarum*, etc.

DE L'OBJET

DU CULTE DU SACRÉ-CŒUR DE JÉSUS

C'est donc, comme nous l'énoncions plus haut, principalement par l'objet d'un culte que l'on connaît la nature de celui-ci : car c'est surtout par leur objet que les dévotions se déterminent et se distinguent. Or l'objet est ce que l'on honore, ce à quoi (et à qui) on rend culte, c'est à dire, ce où l'acte du culte tend et se termine.

Tous les auteurs reconnaissent avec S. Thomas que par les actes du culte, c'est la personne qui est, à proprement parler et principalement, honorée. Car le culte est un acte moral, un acte de protestation d'honneur, qui par conséquent, comme tel, ne peut ni être offert, ni être reçu que par un être doué d'intelligence. Or un être intelligent, ne peut être qu'une personne. « L'honneur, dit le Docteur angélique, à proprement parler, se rend à toute la personne. En effet, nous ne disons pas : j'honore la main de tel ou tel homme ; mais c'est l'homme lui-même que j'honore. Et si parfois il nous arrive de dire que nous honorons ou le pied ou la main d'une personne, ces expressions, à les bien prendre, ne signifient pas que nous honorons ces parties pour elles-mêmes, mais que c'est le tout de la personne que nous honorons en elles, et par elles [1]. »

La personne par conséquent, est, l' « objectum primarium et necessarium, *cui* », comme disent les philosophes et les théologiens, c'est-à-dire, l'objet nécessaire qui a la primauté sur tous les autres et qui les comprend tous, *auquel*, ou plutôt *à qui*, puisqu'il est question de la personne, l'honneur, par le culte,

1. IIIª. P., q. XXV, a. 1.

est définitivement attribué et rendu. Par une adoration ou culte général, la personne est honorée dans le tout et dans les parties qui lui appartiennent ; de même que le tout et les parties sont honorés en elle (dans la personne).

Parfois, il existe *des raisons spéciales*, concernant une partie de la personne en particulier, qui exigent *qu'un culte spécial* soit rendu à cette partie. Dans ce cas celle-ci est honorée *spécialement*, mais toujours dans le tout et avec le tout : il y a alors un double objet du culte, réuni en un seul ; le second objet porte *un nom générique et différent* selon les auteurs (pour qu'on nous comprenne, ce second objet est, par exemple, la charité ajoutée au Cœur physique de Notre Seigneur ou bien dans le culte des Cinq Plaies, la douleur endurée dans chacune de celles-ci, etc.,) mais, le culte particulier, spécial, qui en résulte, est appelé du nom propre de cette partie spécialement honorée. Ainsi on dit le culte des Cinq Plaies et non pas des souffrances ; le culte du Sacré Cœur et non pas, à proprement parler, le culte de la charité, etc.

Nous disions tout à l'heure, que les auteurs classiques, pour désigner les objets du culte, se servent principalement, les uns d'un mot, les autres d'un autre, selon leur choix et préférences. Le tout est de s'entendre, mais il y a des termes qui sont plus ou moins bien choisis, et qu'il vaudrait mieux abandonner pour d'autres qui répondent mieux à l'objet qu'il s'agit d'exprimer.

Pour la parfaite intelligence des auteurs qui parfois semblent se contredire, nous rappellerons brièvement leurs différentes manières de s'exprimer sur ce point si important.

a) Le R. P. Janvier Bucceroni S. J., dans son « Commentaire » très fouillé et très philosophique sur le Sacré Cœur de Jésus, donne à la personne le nom d'*objet matériel principal* ; et à la partie de la personne honorée d'un culte spécial, celui d'*objet matériel secondaire*. « Il peut y avoir, dit-il, deux objets matériels, l'un est principal, l'autre secondaire... l'objet principal c'est la personne,... l'objet secondaire, est quelque chose appartenant à la personne, et en tant que lui appartenant, de sorte que dans cette chose, la personne elle-même soit honorée. Car l'honneur, est un hommage rendu à une personne à cause de son excellence. Que si nous établissons une comparaison entre l'objet matériel principal, et l'objet secondaire ; entre tout l'être subsistant et sa partie : quoique et le tout et la partie soient honorés, la partie toutefois, n'est pas honorée indépendamment en elle-même, mais parce que le tout est honoré en elle (d'une manière générale) ; il se peut cependant (culte spécial) que cet objet matériel secondaire, que cette partie, possède une propriété, une raison spéciale qui porte à honorer l'objet matériel principal et tout l'être subsistant ; et dans cet objet principal et avec lui, l'objet secondaire [1].

Sur cette première manière de concevoir l'objet matériel, nous pourrions instituer une analyse et une synthèse complètes applicables à toute sorte de dévotions, mais ce que dit sur ce point le P. Bucceroni, nous paraît suffire, et nous ne voulons pas fatiguer le lecteur en poussant l'analyse jusqu'à ses derniers détails.

b) Ce même double objet matériel, ou si l'on veut, ces deux mêmes objets matériels, sont respectivement désignés par les Pères Martorell et Castella, par les noms d'*immédiat*, et de *médiat*. « L'objet matériel disent-ils, peut-être double, ou se composer de deux éléments : l'objet immédiat et l'objet médiat. Le premier est celui *à qui* (*cui*) le culte est adressé et rendu immédiatement, sans intermédiaire, comme cela a lieu dans le culte que l'on rend directement et immédiatement à une partie d'un être doué d'intelligence ; le second est celui en qui définitivement le culte s'arrête pour ne plus tendre plus loin. Ce culte étant un acte de soumission et de vénération, ne peut être adressé qu'à une personne [2]. Il convient donc de distinguer ces deux objets, dans les actes de religion dont nous honorons Jésus-Christ

1. Januarius Bucceroni. *Commentarium*, etc., pp. 7, 8, 9.
2. Cf. Suarez. *De Incarn.*, disp. 33, sect. 2.

dans les fêtes qui lui sont consacrées : d'abord, la personne même de Notre-Seigneur, *à laquelle* principalement et finalement tout honneur est rendu ; et puis, le mystère spécial, ou bien l'action, ou bien encore la partie de son humanité dans lesquelles Jésus est représenté comme devant être spécialement honoré ; partie, action ou mystère, qui sont par conséquent l'objet immédiat de la fête ou du culte. Or, ce n'est pas par le nom de l'objet principal et éloigné que les dévotions envers Jésus-Christ sont désignées et se distinguent réciproquement ; puisque par cet objet principal et médiat, toutes ces dévotions s'adressent à Jésus-Christ, qui dans ces différentes manifestations du culte dont il est l'objet est toujours le même, et est honoré par la même adoration ; ce qui donne le nom aux fêtes et aux dévotions, c'est l'objet secondaire et immédiat, lequel pour chaque fête, est différent [1].

c) Le cardinal Franzelin donne le nom générique *d'objet de manifestation*, à cet objet matériel que les auteurs précédents appellent secondaire, immédiat, prochain. « L'objet de l'adoration est Jésus-Christ tout entier. de sorte que l'objet adoré non pas par plusieurs ou différentes adorations, mais par une adoration unique, c'est tout ce qui est inclus et compris dans la personne composée, c'est-à-dire non seulement la nature divine mais aussi la nature humaine avec toutes ses parties.

« Donc, en tenant compte de la distinction qui existe entre l'objet qui est adoré (objet matériel) ; entre la raison formelle de l'excellence pour laquelle il est adoré (motif, et parfois aussi objet, par exemple la charité dans le culte du Sacré-Cœur) ; et entre l'objet dans lequel il se manifeste *spécialement* digne d'adoration ou de culte (*objet de manifestation*, que nous appellerons, nous, objet matériel partiel) :

« l'humanité et tout ce qui lui appartient intrinsèquement en tant que uni substantiellement au Verbe,

1. Martorell et Castella, *op. cit.*, 69, 70.

« sont l'objet (*matériel*) partiel *qui* est adoré, de même que non seulement l'humanité tout entière, mais aussi toutes ses parties, et nominalement le très Sacré-Cœur de Jésus,

« et qui d'une manière spéciale étaient les organes du Verbe pour ses actions divino-humaines et pour notre rédemption,

« sont *objet de manifestation*, par lequel Dieu manifesté dans la chair et rendu visible dans notre nature, s'offre à nos adorations — mais seule la divinité possède la raison ou le motif d'excellence, pour le culte de latrie.

« Dieu, se manifeste aussi au dehors (ad extra) par ses œuvres, sans que ces œuvres ou créatures deviennent pour cela un objet d'adoration. Par la contemplation de ces œuvres nous adorons Dieu comme créateur, conservateur, bienfaiteur..., tout en distinguant par la pensée et en reconnaissant que seule, l'excellence de la divine essence, ou bien la perfection et la bonté de Dieu en lui-même, est la raison première et formelle de l'adoration.

« Quant à la raison de créateur et de bienfaiteur, nous la considérons du côté de Dieu, comme quelque chose de subséquent; et de notre côté ou par rapport à nous, comme quelque chose de plus rapproché par laquelle, et d'après laquelle, nous sommes excités à adorer Dieu.

« Mais, dans le Verbe incarné, la chair et notre nature humaine élevée à l'union hypostatique, n'est pas une œuvre simplement créée au dehors et subsistant en elle-même, et ainsi, en dehors du Verbe; mais elle est la nature du Verbe, dans laquelle, selon les différents mystères, le Verbe *se manifeste*, adorable à différents titres spéciaux, et a agi et souffert, par des actions divino-humaines ou théandriques, pour notre salut et pour notre rédemption.

« D'où il appert que dans le culte et l'adoration de Jésus-Christ Verbe incarné, les fidèles peuvent pieusement et saintement, honorer au même titre que les mystères particuliers de l'Incarnation, les différentes parties de son humanité, dans lesquelles il existe une raison spéciale qui les rend *objet de ma-*

nifestation ayant été l'instrument ou le principe immédiat, par lequel, le Verbe incarné agissant et souffrant s'est manifesté, et a consommé notre rédemption, — ou bien parce qu'elles sont une représentation abrégée, ou un symbole, de tout ce que le Fils de Dieu fait homme a éprouvé et éprouve par rapport à nous (Phil., II, 5) a accompli et accomplit encore, et a souffert [1]. »

d) Enfin d'accord avec les écrivains les plus anciens, les auteurs modernes en général, que nous suivons ; sans mésestimer les dénominations usitées que nous mentionnions tout à l'heure ; ex professo et méthodiquement, ils n'appellent l'objet matériel de cette dévotion, ni prochain, ni éloigné ; ni principal, ni secondaire, etc... mais, après un mûr examen, adoptant pour l'objet matériel, les deux noms de : *objet sensible*, et d'*objet spirituel* ; si les circonstances le comportent, ils peuvent parfois se servir des autres appellations.

L'un des auteurs les plus compétents en cette matière, le R. P. de Gallifet, expose en ces termes, sa manière de concevoir l'objet matériel en question : « Le Cœur de Jésus, étant le symbole naturel de l'amour immense du Christ... c'est avec grand à propos et très convenablement qu'il est proposé comme *objet sensible* de cette fête. Car, de même que dans toutes les autres fêtes, dans celle du Cœur de Jésus, nous devons considérer deux objets matériels l'un spirituel, l'autre sensible : l'objet spirituel, c'est l'amour même du Christ ; l'objet sensible, c'est son Cœur... symbole naturel de son amour. » Cette technologie fut approuvée par la Congrégation des Rites et par les autres postulateurs de la cause du Sacré Cœur.

Le R. P. Nilles, le célèbre vulgarisateur des Actes authentiques de cette cause, suivant fidèlement l'exemple de ses illustres devanciers, n'emploie pas d'autres termes pour exprimer l'objet matériel. « L'objet matériel du culte dans le cas présent, écrit-il, est double, répondant aux deux termes du sym-

1. Franzelin, *de Verbo incarnato*, p. 456 seq.

bole : l'un est sensible (le Cœur physique représentant symboliquement la charité); l'autre spirituel, (la charité symboliquement démontrée dans le Cœur physique)[1]. De même les PP. Terrien[2], Croiset[3], etc., etc.

Il est temps de remarquer que, en plus du double objet matériel, il existe aussi des raisons ou motifs, qui créent, pour ainsi dire, tel ou tel autre culte particulier et le justifient, et que les uns appellent : *objet formel* du culte; les autres, *motifs* du culte, tout simplement.

Parmi les premiers et au nom de tous, nous citerons le P. Bucceroni à cause de la clarté de sa diction. « Il y a deux *objets formels* du culte : l'un *général*, l'autre *spécial*. L'objet formel général, qui appelle et justifie le culte de toute la personne et par suite de tout ce qui lui est uni, n'est autre chose que l'excellence et la dignité de la personne. L'objet formel spécial, est la prérogative spéciale appartenant à une partie de la personne, ou simplement à la personne et qui porte à rendre un culte spécial à toute la personne, et à cette partie en particulier »[4].

Les autres, avec les PP. de Gallifet, Nilles, Terrien : les postulateurs[5], etc., etc. appellent ces motifs, *motifs,* et non *objets* formels. Nous les imiterons.

Au fond, il s'agit plutôt d'une question de mots ; en effet, les premiers disent : le pourquoi, ou bien, la raison pour laquelle, on rend culte à la personne et aux choses lui appartenant, est l'objet formel du culte ; tandis que les autres déclarent simplement : que la raison pour laquelle, ou *ce* pourquoi on rend culte, n'est autre chose que le motif du culte ; et, cela va de soi, ils admettent, comme tout le monde, des motifs généraux et des motifs spéciaux. Nous adhérons à ces derniers.

---

1. Nilles, *op. cit.*, I, 334.
2. Terrien, *op. cit.*, 26.
3. Croiset, *Dévotion au Sacré-Cœur,* x.
4. Bucceroni, *op. cit.*, 6, 7.
5. *Locis cit.*

Il est bon pareillement d'observer, que le motif spécial est le propre de l'objet sensible ; tandis que le motif général est tiré de la personne.

En effet, le motif spécial est la raison par laquelle l'objet matériel sensible est constitué dans sa formalité sous laquelle il est spécialement honoré ; au contraire, le motif général du culte, est inhérent à la personne et détermine le culte dans la classe qui lui est propre ; le premier donc, spécialise ou spécifie l'objet matériel ; le second, le culte.

De tout ce que nous venons d'expliquer, il résulte, que l'objet du culte public du Sacré Cœur, selon notre définition est : l'amour de Jésus symbolisé dans son Cœur matériel, ou bien : le Cœur physique de Jésus, symbolisant son amour, mais plus spécialement son amour pour les hommes poussé jusqu'à la mort sanglante de la croix, et en même temps méprisé par leur ingratitude. Cela nous démontre, comme nous l'indiquions tout à l'heure, que cette salutaire dévotion a, comme toutes les autres, un double objet matériel, ou plutôt, deux objets matériels, partiels, qui sont : l'objet matériel sensible ou le Cœur physique ; et l'objet matériel spirituel ou l'amour, lesquels, sans se confondre, se réunissent et constituent un seul objet complet et adéquat. Il est évident que nous sous-entendons toujours la personne, objet matériel éloigné, nécessaire dans tout culte quel qu'il soit, puisque à la rigueur c'est à la personne que la soumission et les hommages sont offerts. Si l'on dit que l'objet total, complet, de ce culte, est l'*amour* de Notre Seigneur Jésus-Christ symbolisé dans son Cœur réel, dans ce cas, c'est l'objet principal, l'amour, qui directement et immédiatement est indiqué, mais si préférant l'autre formule, plus logique et plus didactique, on dit que « c'est le Cœur physique représentant l'amour », alors on énonce en premier lieu l'objet matériel qui donne son nom à la dévotion.

L'objet matériel d'une dévotion, n'est jamais considéré d'une manière absolue, et exclusivement en lui-même, mais sous un rapport, qui appelle l'objet spirituel et qui réunit les deux élements, matériel et spirituel, dans l'unité d'un seul objet total. Puis, la réunion de ces deux objets (principe d'action) appelle à son tour, comme dernier complément, la personne (principe d'attribution), dont la dignité détermine celle du culte, soit de latrie, d'hyperdulie ou de dulie, selon qu'il s'agit d'une personne divine, ou de la Sainte Vierge, ou des autres créatures douées d'intelligence. Ainsi, dans le culte des Cinq Plaies de Notre Seigneur, on ne considère pas ces divins Pieds, Mains ou Côté en eux-mêmes, mais en tant que *blessés* ; ces Pieds, etc., *blessés*, appellent l'objet spirituel, la souffrance, la douleur endurée par le divin Sauveur ; et finalement cette souffrance, cette douleur appellent la Personne qui l'a subie, et, la dignité divine de cette Personne détermine pour les Cinq Plaies le culte de latrie.

Cette manière d'envisager l'objet du culte public est nécessaire quand il s'agit d'honorer une *partie spéciale* du Corps sacré de Notre Seigneur Jésus-Christ ; car ce culte particulier spécial, exige une raison spéciale (objet spirituel), tandis que pour une adoration *commune* de l'Humanité du Sauveur, il suffit de rapporter directement l'adoration *à la Personne* divine, dans laquelle est comprise non seulement l'Humanité du Fils de Dieu dans tout son ensemble et dans toutes ses parties, mais encore sa Divinité.

De même donc que pour le culte des Cinq Plaies, dans notre dévotion : le Cœur physique de l'Homme-Dieu, n'est pas considéré sous un point de vue absolu, en lui-même, mais en tant qu'il est le symbole réel et naturel de son amour, cette raison de « symbole » établit, crée une relation nécessaire entre le Cœur de Jésus et son amour, et, finalement, cet amour ainsi symbolisé, nous conduit à la Personne à laquelle il est attribué.

Que la dévotion au Sacré Cœur de Jésus, ait, en plus de son objet spirituel, un autre objet appelé matériel dans le sens indiqué, il suffit pour le prouver, de ne pas oublier qu'il s'agit d'une dévotion destinée, non pas aux anges, mais aux hommes, et que la condition de la nature humaine, exige nécessairement qu'il en soit ainsi, d'après ce principe : que la manière d'agir est la conséquence de la manière d'être. Or l'homme n'est ni purement matériel, ni purement spirituel, mais un composé de matière et d'esprit unis substantiellement et ne formant qu'une nature. L'âme, il est vrai, a des opérations, formellement et en elles-mêmes indépendantes de la matière ; telles sont, l'acte de l'intelligence, du raisonnement, et l'acte de la volonté libre, actes purement spirituels. Cela prouve que l'âme peut exister en dehors de son union substantielle avec le corps : et c'est ainsi qu'elle existe après la mort, en attendant la résurrection de son corps, résurrection qu'elle appelle naturellement comme un complément de son être ; mais dans cette vie, elle existe unie substantiellement au corps, et ses actes purement spirituels, elle ne peut les exercer qu'avec le concours préalable et concomitant des puissances cognoscitives de l'ordre sensible. Car ce n'est pas l'intelligence qui forme a priori, ou indépendamment du corps et de ses facultés sensibles, les idées universelles, ou même celle d'un être particulier : ce sont les sens extérieurs, d'abord, puis l'imagination, puissance sensible qui présentent l'être particulier, d'où l'intelligence, par abstraction des notes individuantes, conçoit et forme l'idée universelle ou spirituelle. Spirituelle, disons-nous, parce que cette idée, à la différence de la matière et des êtres matériels, est indépendante du temps et de l'espace. En effet, ces idées sont éternelles, comme leur base qui est l'essence divine, et comme leur archétype formel qui est l'intelligence de Dieu. De sorte que, dans la définition d'un être quelconque (nous parlons de l'idée universelle), il n'entre ni date (elle est éternelle) ni dimension (elle en fait abstraction) et elle est immuable, comme l'essence et l'intelligence divines dont elle dépend. Ainsi est confirmée la vérité de notre assertion sur la nécessité de l'objet matériel *sensible*.

DE L'OBJET MATÉRIEL SENSIBLE

DE CETTE DÉVOTION

Cet objet matériel et vivant, la partie la plus noble de la très sainte Humanité de Notre Seigneur Jésus-Christ, uni substantiellement à son âme et à sa Personne divine, ce symbole à l'usage des hommes, c'est-à-dire, sensible ; ce principe de la relation symbolique dont l'amour de Jésus est le terme ; cet objet partiel et matériel qui, avec l'amour de Jésus (autre objet partiel mais spirituel) forme l'objet total du culte public du Sacré Cœur : c'est le Cœur physique de Jésus.

En effet, la b^e^ Marguerite racontant la vision dont elle fut favorisée le jour de S. Jean l'évangéliste 1674, s'exprime en ces termes : Notre Seigneur m'a assuré qu'il prenait une singulière complaisance à voir les sentiments intérieurs de son Cœur et de son amour honorés *sous la figure de ce Cœur de chair, tel qu'il m'avait été montré*, dont il voulait que l'image fût exposée en public, afin, ajouta-t-il, de toucher le cœur insensible des hommes. » Or, c'est bien le Cœur physique de Notre Seigneur, qui lui fut montré dans cette même vision, et voici comment : « Le Cœur de Jésus me fut représenté comme dans un trône formé de feu et de flammes, rayonnant de tous côtés, plus brillant que le soleil et transparent comme un cristal. La plaie qu'il reçut sur la croix y paraissait visiblement. Il y avait une couronne d'épines autour de ce Cœur sacré, et une croix au-dessus qui y paraissait plantée. »

C'est bien également son Cœur physique, que, dans son apparition du 16 juin 1675, Notre Seigneur désignait comme objet matériel de cette fête qu'il demandait pour le vendredi d'après l'Octave du Saint

Sacrement, lorsque découvrant son divin Cœur à sa sainte confidente, il lui dit : « Voilà ce Cœur qui a tant aimé les hommes, etc. »

C'est encore le Cœur sensible de Jésus, que représentaient comme étant l'objet de ce culte, et ce premier crayon qui servit pour la petite fête du Noviciat de Paray en 1685, et cette miniature envoyée à la b^e par la Mère Greyfié et qui l'année suivante fut honorée par toute la Communauté le jour du Sacré Cœur [1].

Le R. P. Croiset, religieux d'une éminente sainteté, formé à l'école de la Voyante de Paray et dont le livre : « La dévotion au Sacré Cœur de Jésus » avait été indirectement demandé et approuvé d'avance par Notre Seigneur lui-même, assigne ce même objet matériel pour le culte du Sacré Cœur. Dans l'*Introduction* dudit ouvrage, il dit : « Quoique cette dévotion ait le titre de Dévotion au Sacré Cœur de Jésus-Christ, elle ne se réduit pas, néanmoins, à aimer et à honorer d'un culte spécial ce Cœur de chair, qui fait partie du Corps adorable de Jésus-Christ. Ce divin Cœur, considéré sous cet aspect, n'est que l'objet sensible de la dévotion [2]. »

Enfin le P. de Gallifet, les auteurs classiques en la matière anciens ou modernes les plus autorisés, les Mémoires présentés à la Congrégation des Rites sacrés et les actes du Saint-Siège ne s'expriment pas différemment. Aux pages 68, 69 du livre : De la dévotion au Sacré Cœur du P. de Gallifet, nous empruntons ce qui suit : « La dévotion au Sacré Cœur de Jésus est un exercice de religion qui a pour objet le Cœur adorable de Jésus-Christ embrasé d'amour pour les hommes, et outragé par l'ingratitude de ces mêmes hommes. — Ce Cœur doit être considéré uni intimement à l'âme et à la Personne de Jésus-Christ pleine de vie, de sentiment, etc. D'où il suit que tous les honneurs qu'on rend ainsi à ce Cœur adorable ne se terminent pas précisément et *uniquement au Cœur matériel*, mais ils se terminent en *même temps*

---

1. Vie de la B^se, édition Gauthey, 324 et 372.
2. P. Croiset, *op. cit.*, x.

et indivisiblement à l'âme et à la Personne unies à ce Cœur.»

Cette même propriété d'objet matériel sensible est revendiquée pour le Sacré Cœur, par le cardinal Gerdil contre les Anticordicoles : « Si vous approuvez, leur dit-il, le culte du côté blessé, sans objecter qu'on le sépare du reste de l'humanité dont il fait partie : pourquoi n'approuvez-vous pas le culte semblable à celui-là, par lequel il est offert des hommages spéciaux au Cœur qui est renfermé dans le côté ? Dans les deux cas la raison pour ne pas les séparer, est identique : c'est l'union hypostatique, laquelle existant aussi bien pour le Cœur que pour le côté, fait que le culte dont et le côté d'une part, et le Cœur de l'autre, sont l'objet, n'offre aucun prétexte pour les séparer, soit de la divinité, soit du reste de l'humanité » [1].

Nous pourrions de même, rappeler cette définition du célèbre P. Ferdinand Teatmo : « C'est, écrit-il, l'amour de Jésus-Christ symbolisé dans son Cœur matériel. » [2]

Parmi les modernes, celui qui mérite d'être mentionné de préférence, le R. P. Jean-Baptiste Terrien, S. J., consigne savamment cette même vérité dans son ouvrage « Dévotion au Sacré Cœur, etc. » 1re édition, p. 22. « C'est donc une vérité solidement établie : le Cœur physique de Jésus est digne d'une adoration latreutique : comme tel, il est l'objet propre de la fête et du culte du Sacré Cœur. » [3]

Quant aux *Mémoires* discutés devant la Congrégation des Rites, déjà dès 1697 Frigidiano Castagnori, avocat au Sacré Palais apostolique, exposait : « Que de même que pour la pratique de toute dévotion, l'humaine faiblesse a besoin d'un objet matériel, « de même pour exciter l'amour envers Notre Seigneur Jésus-Christ, on ne peut choisir d'objet ni plus efficace ni plus digne que son Cœur. Ce Cœur, en effet.

---

1. Card. Gerdil. *Opera*. t, IV, Florentiæ, 1849.
2. Ferdin. Tetamo, *Diarum liturgico-theologico-morale*. Venetiis, 1770.
3. Terrien, *op. cit.*, 22.

doit être honoré non seulement comme partie adorable du corps du Fils de Dieu, mais aussi comme siège de son immense amour [1]. »

Le *Mémorial* qui sous Clément XIII eut les honneurs du succès, déclare cette même vérité en termes presque identiques : « Voilà ce que Jésus propose à nos adorations : son Cœur, partie très noble de son corps, non seulement en tant qu'il est le symbole de toutes ses affections intérieures, mais tel qu'il est en lui-même. » [2] Ces paroles ont une très grande autorité ; car le décret de 1697, approuve et explique le culte déjà établi du Sacré Cœur, d'après le sens déclaré dans ce Mémorial.

Les souverains Pontifes, entre autres, Pie VI, Pie IX et Léon XIII disent le dernier mot sur cette question avec l'autorité suprême dont leur enseignement est revêtu.

C'est d'abord la 63e proposition condamnée par Pie VI, dans sa bulle : « Auctorem fidei », d'une si grande importance doctrinale, qui condamne les fausses assertions des jansénistes concernant la dévotion et les dévots du Sacré Cœur : « de même, cette accusation portée par le synode de Pistoie contre les adorateurs du Sacré Cœur, qui les représente comme honorant le Cœur de Jésus en le séparant de la divinité, tandis qu'ils l'honorent comme étant le Cœur de Jésus, c'est-à-dire, le Cœur de la Personne du Verbe, auquel il est inséparablement uni, de la même manière que le corps exsangue du Christ pendant le triduum de sa mort, fut, sans séparation d'avec la divinité, adorable dans le Sépulcre... proposition captieuse et injurieuse à l'égard des fidèles adorateurs du Sacré Cœur de Jésus-Christ. »

Pie IX dans la bulle de béatification de la Vén. Marguerite-Marie nous exhorte à rendre amour pour amour au Sacré Cœur, en ces termes : « Jésus, l'auteur et le consommateur de notre foi, a désiré sur

---

1. Mémorial, année 1697.
2. Mémorial, année 1765.

toutes choses exciter dans le cœur des hommes, la flamme de charité qui consumait son propre Cœur... Qui donc, fût-il plus dur que le fer, ne se sentira pressé de rendre amour pour amour à ce Cœur très suave, cruellement transpercé par la lance... dont la blessure a versé l'eau et le sang cause de notre vie et de notre salut ? »

La même invitation nous est adressée par Léon XIII : « Allons, dit-il, à Celui qui ne nous demande comme prix de sa charité, que la réciprocité de l'amour, et, *dans son Cœur blessé* tout à la fois par l'amour et *par le fer*, cherchons le refuge qu'il a daigné nous y préparer. » [1]

Nous serions interminables si nous voulions rapporter les preuves si belles pourtant et si touchantes, que nous offre la liturgie sacrée, pour établir ce point. Nous n'en donnerons qu'un très bref extrait, pour ne pas, contrairement à la nature de ce travail, être trop longs.

C'est en effet ce que professe l'Eglise dans l'hymne des vêpres de l'office commun accordé en 1765 : « Il fut *ouvert par la lance*, il reçut cette blessure, afin que par l'eau et le sang qui en jaillirent, nous fussions purifiés de nos souillures. »

Dans un autre office approuvé par Sa Sainteté Pie VI, pour le royaume de Portugal, le Cœur physique de Jésus, est proposé d'une manière évidente pour objet matériel de ce culte, par exemple, ces quelques paroles de l'hymne de matines :

« O Cœur, délices de tous les cœurs, — Purifiez et guérissez nos blessures — Par le sang que vous répandez ; — Adressez-vous tous a ce Cœur qu'une profonde blessure a ouvert — à ce Cœur si doux. »

Ces vérités si évidentes, ce culte qui prend pour objet le Cœur de Jésus, le plus noble symbole de cette divine charité qui a racheté le monde, trouvèrent malgré tout, des contradicteurs qui poussèrent l'opposition jusqu'aux excès les plus contraires, cela se comprend, aux sentiments que cette dévotion exige de ses fidèles.

---

1. Léon XIII, Lettre apostol., 28 juin 1889.

Les plus fougueux dans ces hostilités contre le Cœur de Jésus, furent :

A Rome, principalement Camille Blasi, auditeur de Rote, avocat au Palais apostolique ; Antoine Augustin Georgi, des Ermites de S. Augustin ; les « Ephémérides littéraires de Rome ». Ils soutenaient que la doctrine des dévots du Sacré Cœur, n'était pas celle de la Congrégation des Rites, laquelle, affirmaient-ils, approuva seulement le culte de la charité de Jésus-Christ ; quant au Cœur physique, elle n'en parle pas, et ne fait mention que « *du nom générique du Cœur pris métaphoriquement* ou *de la ressemblance* générique du Cœur.

De ce nombre étaient aussi : l'inquisiteur du Saint-Office ; le cardinal Marefoschi ; les Clercs réguliers de S. Paul, vulgo Barnabites ; des « Théologiens romains » ; des moines cisterciens. Ces derniers dans des thèses rendues publiques, prétendent que : « Si le Cœur du Christ reçoit un culte, il doit être honoré uniquement comme le veut l'Eglise, dans le sens figuré... Nous réprouvons absolument le culte du Cœur de chair, que certaines personnes ont osé proposer, dans ces derniers temps, à l'adoration des fidèles. Ce culte, il faut le reléguer parmi les superstitions. » — Tract. de Verbo humano carne induto, p. 16.

En Allemagne, les écrits de Scipion Ricci, évêque de Pistoie, et ceux d'autres jansénistes, furent traduits en langue vulgaire et propagés partout.

En Autriche, sont à noter parmi les plus turbulents : Wittola et Huber ; le pouvoir civil, lequel exigeait de tous ceux qui aspiraient à une charge, à un emploi public, à tous les professeurs des Universités, aux candidats au doctorat : la promesse de répudier le culte du Cœur de Jésus et de lui déclarer une guerre acharnée ; les magistrats devaient faire enlever des églises, les images du Sacré Cœur, dissoudre ses confréries, etc., etc.

En *dehors de Rome*, en Italie : les « Annales ecclésiastiques » de Florence et les plus hauts réprésentants du parti janséniste : Scipion Ricci, év. de Prato-Pistoie ; Joseph Pannilini, év. de Chiusi-Pienza ; et Nicolas Sciarelli, év. de Collé.

En France : « Un de ceux qui firent une guerre plus opiniâtre à cette dévotion fut le rédacteur des *Nouvelles Ecclésiastiques*. Il critiqua amèrement tous les ouvrages, où cette dévotion était recommandée ; il loua sans mesure ceux où elle était attaquée. Il se moqua et des évêques qui l'adoptaient, et des fêtes, des discours, des tableaux dont elle était l'objet. C'est le sujet de ses déclamations les plus ordinaires. Nous n'avons garde de vouloir relever ses fades railleries, ses invectives, ses imputations, ses calomnies [1]. »

Parmi tous ceux dont nous venons de rappeler le nom, aucun n'a compris, ou n'a voulu comprendre le sens du Cœur pris symboliquement, tel que l'Eglise l'entend dans le décret de 1765 et tel que nous l'avons expliqué. Outre ce défaut d'intelligence, ils signalent la cause pour laquelle ce culte *serait* superstitieux : la *séparation* du Cœur d'avec l'humanité sainte et la personne de Jésus-Christ.

Par cette séparation essentielle entre le Cœur et la personne, le Cœur physique ne méritait pas le culte de latrie, ni absolue, ni relative ; et, pour légitimer le culte de latrie relative, il aurait fallu le considérer dans son rapport avec la personne du Fils de Dieu, dont il aurait été le Cœur (avant la séparation) et dont il restait le symbole. C'est ainsi que la croix est honorée d'un culte de latrie relative, à cause du rapport qu'elle a avec la personne de Jésus-Christ : elle a été l'instrument et l'autel de son sacrifice.

L'erreur imputée par les jansénistes aux adorateurs du Sacré Cœur était bien plus radicale ; d'après eux ce culte renouvelait l'erreur de Nestorius, parce qu'il accordait à une pure créature les honneurs exclusivement dûs à la divinité. Nestorius en effet reconnaissait en Jésus-Christ non seulement deux natures, mais deux Personnes même : de sorte qu'il y avait deux Christ ; l'un Fils de Dieu, l'autre fils de Marie, laquelle était par conséquent mère du Christ,

1. *L'Ami de la religion*, an. 1820, t. XXII, p. 344,

mais nullement Mère de Dieu. Or toutes ces erreurs, toutes ces calomnieuses imputations tombent d'elles-mêmes devant les preuves que nous donnions plus haut en établissant que le Cœur physique de Jésus, objet partiel matériel du culte qui nous est si cher, était considéré comme un Cœur vivant, uni substantiellement et inséparablement au Corps, à l'âme et à la Personne de Jésus-Christ. Or tout culte s'adresse et se termine finalement à la personne ; car seule, la personne douée d'intelligence peut comprendre et recevoir les honneurs qui lui sont rendus par le culte proprement dit. Rien de ce qui est inférieur à la Personne, ou qui (comme en Dieu, l'essence et les attributs) ne s'identifie pas avec la Personne, n'est ni digne, ni capable de culte, par lui-même. D'autre part, en honorant la personne, on honore en même temps, tout ce qu'elle est ; ainsi en honorant la Personne de Jésus-Christ, on honore tout ce qu'Elle est, dans sa Divinité et dans son Humanité sacrée ; et réciproquement, en honorant ce qui est à la personne (surtout s'il s'agit d'une chose unie substantiellement à elle) on honore la personne elle-même, et par concomitance, tout ce qu'elle est. Et cet honneur n'est pas offert par des actes différents dont l'un s'adresserait spécialement à une partie spéciale de la personne, à la main par exemple, et l'autre à la personne. Non, mais par un seul et même acte on honore et la main et la personne qui la possède. Car nous insistons là-dessus : l'acte s'adresse finalement à la personne et, dans la personne, à tout ce qu'elle est. On comprend ainsi, que le culte rendu à la personne, culte de latrie, d'hyperdulie ou de simple dulie, est simultanément le même, et pour la personne et pour ce qui lui est uni substantiellement. Tout au plus distingue-t-on, en disant et avec raison toutefois, que le culte de latrie par exemple adressé à la Personne de Jésus-Christ, dans la dévotion à son Sacré Cœur, est un culte de latrie absolue et primaire, et que ce même acte atteignant son Sacré Cœur physique, doit porter le nom de culte de latrie absolue mais secondaire. C'est pour dire tout simplement que la Personne mérite ce culte *par elle-même*, et que le Cœur n'en est digne que *par son* union substantielle avec la Personne.

Le pape Pie VI dans sa célèbre bulle : « Auctorem fidei » a condamné la prétendue interprétation du décret de la Congrégation des Rites, du 26 janvier 1765 et le sens hérétique attribué par les jansénistes et autres, au culte salutaire du Sacré Cœur tel qu'il est compris et pratiqué dans l'Eglise catholique. Parmi les 85 propositions condamnées dans ladite bulle, dans la 62e est réprouvée la fausse doctrine du triste conciliabule de Pistoie, qui rejette la dévotion envers le Sacré Cœur, comme nouvelle, erronée, ou tout au moins, dangereuse ; et dans la 63e l'opinion du même conciliabule qui prétend que les fidèles adorent le Cœur physique de Jésus en le séparant de la Personne, etc. »

Cette accusation des jansénistes et du conciliabule de Pistoie, fauteur du jansénisme, n'est pas nouvelle ; elle a été mille fois confondue et réfutée dans le cours des siècles. Déjà à ceux qui, comme nos modernes jansénistes, accusaient les chrétiens d'idolâtrie sur le fait de l'adoration de latrie rendue à l'Humanité sacrosainte de Notre Seigneur Jésus-Christ, S. Athanase répondait : « Non, nous n'adorons pas une chose purement créée. Ce que nous adorons, c'est le Créateur des êtres, et le Verbe de Dieu fait chair. Car, bien que la chair, regardée séparément, en elle-même, fasse partie des choses créées, elle n'en est pas moins le Corps de Dieu. Quand nous adorons ce Corps, nous ne le détachons pas du Verbe, et quand nous voulons adorer le Verbe, nous ne le séparons pas de sa chair immaculée [1]. » — En substituant aux mots, corps, et, chair, le mot : Cœur, on peut, avec S. Athanase, faire le même raisonnement et conclure, avec la bulle « Auctorem fidei » dans sa 61e proposition contre les erreurs pistoriennes : que le culte d'adoration que nous rendons au Cœur vivant et vivifiant du Christ, non pour lui-même comme à une simple chair, mais com-

1. Saint Athanas. *Epist. ad Adelph. Episc.*, n. 3, P. G-l., XXVI, 1071.

me à un Cœur uni substantiellement à la divinité, n'est pas un honneur divin s'adressant à la créature, mais identiquement, l'adoration même par laquelle le Verbe incarné est adoré avec son propre Cœur (avec sa propre chair).

Terminons ce point essentiel par ces belles paroles de S. Jean Damascène : « Nous ne nions pas que la chair du Christ doive être adorée : elle est adorable en effet, dans la personne du Verbe dans laquelle elle subsiste. En cela ce n'est pas une créature que nous adorons ; car nous n'adorons pas cette chair, comme existant séparément, mais comme substantiellement unie à la divinité et parce que les deux natures de Jésus-Christ appartiennent à la personne du Verbe de Dieu, et que c'est en cette personne qu'elles subsistent. Je crains de toucher le charbon ardent, à cause du feu dont le bois est embrasé ; j'adore les deux natures du Christ, à cause de la divinité qui s'est unie à la chair [1]. »

Du motif spécial, ou de la raison formelle spéciale selon laquelle et pour laquelle, parmi les autres parties de l'humanité de Jésus-Christ, son Cœur physique est honoré dans cette dévotion, ou en d'autres termes :

Du Cœur physique de Jésus considéré comme symbole de son amour.

Par conséquent, le Cœur physique de Jésus-Christ, non point tel que l'on pourrait se le représenter arbitrairement, mais tel qu'il est en lui-même ; non point d'une manière absolue et abstraction faite de l'humanité et de la personne à laquelle il est substantiellement unie, mais *d'abord*, dans ses rapports avec l'humanité sainte et la personne de Jésus, ce qui est commun aux autres parties de la dite humanité auxquelles on rend, ou l'on pourrait rendre, un culte spécial ; et *en second lieu*, dans ses analogies avec l'amour de Jésus, c'est-à-dire, dans sa propriété de symbole de l'amour de Jésus : le Cœur ainsi com-

1. Saint Jean Damascène. *De Fide orthodoxa*, III, c. VIII.

pris, tel est l'objet matériel partiel sensible (ou plus simplement, l'objet sensible) du culte public du Sacré Cœur de Jésus.

Et de fait, la Congrégation, en donnant satisfaction aux vœux des postulateurs, accepta le Cœur physique de Jésus comme objet du culte, dans le sens que les dits Postulateurs l'entendaient dans leurs *Mémoires*; or, ceux-ci demandaient la fête avec office et messe propres, pour le Cœur, et tel qu'il est en lui-même, et en sa qualité de symbole de l'amour et des autres affections intérieures de Jésus : « Tum ut est in se, tum ut est symbolum amoris cæterarumque interiorum affectionum »[1] ou plus clairement : en tant qu'il est ou le symbole, ou le siège naturel de toutes les vertus et affections intérieures de Notre Seigneur Jésus Christ et principalement, de cet immense amour dont le Père et les hommes ont été l'objet »[2]. D'où enfin ils concluent : « On voit donc clairement quelle est la raison intégrale pour laquelle le Cœur de Jésus doit être honoré... c'est parce que le Cœur de Jésus possède les propriétés, qui le rendent très digne d'un culte spécial..., et un examen attentif nous démontrera même, que parmi les choses corporelles et sensibles il n'existe rien qui puisse être proposé à la dévotion des fidèles plus convenablement, plus justement et plus fructueusement, que ce Cœur très aimant et très affligé ; car il n'y a rien qui représente (symboliquement) de plus sublimes mystères ; rien dont la vue (à cause de la représentation symbolique) et la considération puisse engendrer dans les cœurs des fidèles de plus saintes affections ; rien qui exprime mieux aux yeux du corps et de l'âme l'immense amour de Notre Seigneur Jésus-Christ ; rien de plus apte à rappeler à l'esprit des hommes la mémoire de tous les bienfaits du très aimant Rédempteur ; rien qui montre d'une manière plus sensible les très cruelles douleurs intérieures que le Christ a souffertes pour nous[3]. »

Or, toutes ces raisons, tous ces motifs d'honorer

---

1. Mémorial de 1765, n. 32.
2. *Ibid.*, République, n. 18.
3. *Ibid.*, n. 40.

d'un culte particulier le Sacré-Cœur de Jésus, se réduisent à l'unique propriété de symbole de l'amour qu'il possède par sa propre nature. Donc, puisque la Congrégation des Saints Rites a approuvé le culte du Sacré-Cœur, entendu dans le sens que les postulateurs l'avaient expliqué; par une conséquence rigoureusement vraie, il résulte que ces paroles de la concession: « par la concession de cet office et de cette messe, il s'agit simplement d'amplifier un culte déjà établi et de *rappeler symboliquement* la mémoire de l'amour du Fils unique de Dieu, etc. » ne peuvent être interprétées que selon l'esprit et la lettre des *Mémoires*. C'est donc du Cœur réel symbole de l'amour de Jésus qu'il est question.

C'est ce que nous enseignent également d'une manière nette et expresse, ces paroles de la 6e leçon du premier office du Sacré-Cœur de Jésus accordé par la Congrégation et Clément XIII : « afin que les fidèles rappellent plus dévotement et avec une plus grande ferveur, le souvenir de la charité du Christ sous le très saint symbole de son Cœur. Clément XIII permit de célébrer la fête de ce même très-sacré Cœur. »

Cela même nous est déclaré dans la Lettre de Pie VI, du 29 juin 1781, à l'évêque Scipion Ricci qui opinait différemment: « La substance de la dévotion au Sacré Cœur de Jésus... suivant les déclarations du Saint-Siège, a pour unique but de méditer et de vénérer *sous l'image symbolique du Cœur*, l'immense amour et la charité surabondante du divin Rédempteur. » Or, qu'est-ce que l'image symbolique du Cœur, sinon le Cœur lui-même sous sa raison de symbole de l'amour, ou parce qu'il est le symbole de l'amour?

C'est également le sentiment des Pères du Concile du Vatican dans leur supplique à Pie IX : « Ce ne sera pas, Très Saint-Père, le moindre honneur de votre pontificat, déjà si illustre par tant de faits mémorables, que *la charité du Christ, sous le symbole de son Cœur*, ait été grâce à Vous, mieux connue dans l'univers catholique et célébrée par de plus grands et plus universels hommages. »

Le motif ou raison spéciale, invoquée par les grands théologiens pour décerner au Cœur physique de Jésus un culte particulier, est toujours la même : le Cœur est le symbole de l'amour.

En effet, le Cœur de chair (s'exprime le P. B. Tetamo) est l'objet matériel où tend notre culte... la raison que nous avons de le vénérer en cette fête, ce n'est pas sa propre substance, mais sa représentation symbolique de la charité du Christ. Car étant d'ailleurs très saint par lui-même, de même que les autres membres de l'humanité du Christ, hypostatiquement unis au Verbe ; il a ceci de spécial dans cette fête, que nous honorons en lui, le symbole de la charité du Christ [1]. »

Ecoutons aussi ce témoignage du cardinal Gerdil, plus clair que tous les commentaires dont on pourrait l'accompagner : « Comme l'auteur lui-même (Albergotti) le fait remarquer, l'unique raison pour laquelle la Congrégation accorda l'office et la messe du Sacré Cœur, est, que ce Cœur est le symbole du divin amour de Jésus-Christ [2] », et dans un autre endroit : « Donc, le Cœur de Jésus pouvant être considéré soit comme partie corporelle de sa chair, soit comme symbole de son immense charité pour nous ; évidemment il n'y avait pas de motif pour lui rendre un culte spécial en l'envisageant sous le premier rapport qui lui est commun avec tous les autres membres du corps dont il fait partie ; au contraire, c'est très conforme à la piété, que, dans cette partie de son corps que Jésus-Christ nous proposa comme le siège de ses pieuses affections, nous vénérions comme sous le plus parfait des symboles, cette immense charité dont il nous a aimés et qui l'a fait se livrer à la mort pour nous [3]. »

Cette doctrine des anciens théologiens est la même pour les modernes. Citons entre autres les quatre docteurs suivants, le P. Nilles, M. Bernard Jung-

---

1. P. Bened. Tetamus, *De vere cultu SS. Cordis Jesu*, l. II, c. LI, pr. 2.
2. Card. Gerdil. *opera*, XV, 291. Romæ.
3. *Id.*, *Ibid.*, VI, *Florentiæ*, 1849.

mann, le P. J. Jungmann, et le Cardinal Franzelin, tous professeurs de très célèbres Universités.

Le Cœur de Jésus étant une partie très sainte du Corps du Christ, adorable avec la personne du Verbe, mais sans le séparer, ni abstraction faite de la divinité (Constitution « Auctorem fidei, » prop. 63), quelqu'un pourrait peut-être se figurer qu'il a été créé une fête en son honneur, parce qu'il est une partie du Corps de Jésus-Christ, digne d'adoration. Pour détruire cette supposition (non qu'elle soit impie, ni qu'un tel culte soit indu) la Sacréé Congrégation donne comme cause de cette nouvelle fête, une raison déduite spécialement de la nature même du Cœur. Très prudemment et en des termes précis elle avertit que le motif formel de ce culte et de cette fête du Sacré Cœur de Jésus, c'est la propriété symbolique inhérente à ce Cœur, de représenter la charité infinie de Jésus-Christ, ou en d'autres termes, parce qu'il est le symbole réel et naturel de son immense amour [1]. »

« Les documents ecclésiastiques, auxquels nous conformons nos explications, donnent pour raison principale du culte spécial dont le Cœur du Seigneur est l'objet, que ce Cœur est le symbole de l'amour du Christ pour nous, symbolum est Christi nos amantis »[2].

« Bien que le Cœur du Christ considéré en lui-même soit comme les autres membres du Christ, adorable par un culte de véritable latrie ; cependant seul parmi tous les autres il est l'objet spécial de la dévotion en question, non pas précisément par lui-même, mais à cause de sa révélation intrinsèque avec l'objet invisible, la charité » [3].

« Nous adorons le Cœur vivant et animé en le considérant formellement comme le Cœur de la personne divine incarnée, et comme objet de manifestation » ; — et puis, n. 2 : « Le Cœur de Jésus,

---

1. Nilles, profess. à l'Université d'Innsbruck, *op. cit.*, I, 368.
2. Bern. Jungmann, profess. à l'Université cathol. de Louvain, *De Verbo incarn.*, c. a. II. 9, n. 373.
3. P. J. Jungmann, S. J., profess. à l'Univ. d'Innsbruck, Funf Satze, etc. prop. 5°.

mieux que toute autre partie de cette humanité, est objet de manifestation, parce que ce Cœur divin est le symbole de l'amour et de toute la vie intérieure de Jésus-Christ »[1].

Aux enseignements de tous ces grands savants, ajoutons ces brèves paroles de Léon XIII, lesquelles suffiraient à elles seules à prouver cette particularité capitale de notre dévotion : « Par cette dévotion, dit cet illustre pontife, on honore d'un culte particulier, *sous le symbole du Très Sacré Cœur de Jésus*, les principaux bienfaits que la charité du Christ Rédempteur a versés sur le genre humain »[2].

Ces documents démontrent que vraiment Blasi ne comprenait pas bien cette question, lorsque après avoir découvert, comme il le prétendait, un symbole d'un nouveau genre — le symbole composé, — il confondait ce symbole avec la simple métaphore, ou image verbale, dans le but de nier le culte du Cœur réel. Mais le P. Benoît Tétamo détruisit avec sa maîtrise habituelle, cette confusion de mots. « Donc, lui dit-il, vous vous imaginez que le symbole composé est un genre de symbole tout nouveau, résultant de la réalité d'un être et d'une signification spirituelle surajoutée ? A notre avis, il nous paraît être à peu près impossible de trouver un symbole sans cette composition... Chaque fois que vous avez un symbole, vous avez aussi les deux choses : et la substance ou réalité de la chose, et la signification y surajoutée. Votre nouveau genre de symbole est une plaisanterie, et cette plaisanterie consiste dans la confusion des termes. Vous confondez le symbole réel, avec le symbole verbal, celui qui est dans la nature même des choses, avec celui qui existe seulement dans les mots. Or, lorsque le symbole existe seulement dans les paroles, il mérite non pas le nom de symbole, mais plutôt celui de figure d'élocution dans laquelle on ne considère pas la nature de la chose d'où est tirée l'image, figure ou métaphore, mais uniquement la

1. Cardinal Franzelin. *De Verbo incarn.*, prop. XLV.
2. Lettre apost. 28 juin 1889.

simple convenance qui existe entre le mot qui fait image et la chose à laquelle celle-ci est appliquée. Quand on dit que la charité est honorée sous le symbole du Cœur, nul doute qu'il ne s'agisse d'un symbole réel ou de la réalité même du Cœur ; mais en plus de ce qu'est le Cœur en lui-même, faut-il encore entendre autre chose? Et malgré qu'il soit vrai, comme vous le dites, que dès que l'on adjoint au Cœur de Jésus la forme ou idée de symbole, aussitôt la pensée s'élève du Cœur physique au Cœur spirituel, cela ne prouve pourtant pas que la substance ou la réalité du Cœur soit exclue ; mais seulement que cette réalité ne constitue pas le motif formel du culte... Enfin, il est plus logique de dire que le symbole est sous ou dans le Cœur, plutôt que le Cœur est dans ou sous le symbole. Pris dans ce sens il influe beaucoup dans l'objet du culte; car étant très saint en lui-même, comme les autres parties de l'humanité du Christ unies hypostatiquement au Verbe, il a en plus la propriété d'être, en cette fête, vénéré, à l'instar d'un mystère, comme symbole de la charité de Jésus-Christ » [1].

De l'autre objet matériel partiel spirituel du culte du Sacré Cœur, ou de la charité de Notre Seigneur représentée par et dans son symbole naturel, le Cœur réel du Christ.

L'autre objet matériel partiel de ce culte objet partiel non point sensible comme le Cœur physique, mais spirituel, c'est l'amour de Jésus. Il est dit matériel, pour indiquer que *c'est ce que l'on honore, ce à quoi tend et se termine l'acte du culte.* Nous jugeons inutile d'apporter des preuves, celles que nous avons données pour établir le rôle du premier objet partiel, c'est à dire, du cœur matériel, servant également à démontrer que le second objet partiel, c'est la charité de Jésus-Christ. L'essentiel de la définition est donc suffisamment déclaré avec les preuves au-

---

1. Bened. Tetam. *De vero cultu... SS. Cordis Jesu*, l. II, c. LI, Venetiis, 1773.

thentiques d'où elle est déduite ; c'est bien le Cœur réel de Jésus-Christ symbolisant son amour ; ou en d'autres termes, c'est bien l'amour de Jésus-Christ symbolisé dans son Cœur réel qui est l'objet et la substance du culte public du Sacré Cœur.

Du Cœur matériel, nous avons dit tout ce que peut exiger la pleine connaissance de ce culte. Quant à la charité de Jésus-Christ, on doit se demander, quel est cet amour qui avec le Cœur physique constitue l'objet matériel total et complet du culte. Est-ce l'amour de Jésus pour son Père, est-ce son amour pour les hommes, est-ce l'un et l'autre? dans quelle mesure et dans quel ordre ? Est-ce l'amour de Jésus déjà fait Homme, ou doit-on y comprendre celui du Fils avant son Incarnation et dans quel sens ?

Il convient d'examiner d'après des données acceptables, cette question. Par le bref aperçu que nous en donnerons, nous n'estimerons que davantage tout ce que Notre Seigneur a daigné faire et souffrir pour nous ; car, comme nous le verrons, l'œuvre de notre rédemption, n'est pas la suite d'un ordre formel qu'il aurait reçu ; mais la conséquence d'un acte très libre de sa volonté. Donc nous répondons que par l'amour de Jésus honoré comme objet de cette dévotion, on doit comprendre l'amour du Fils de Dieu pour son Père et pour les hommes, aussi bien avant qu'après son Incarnation, mais dans un certain ordre qu'il convient de préciser.

Avant l'Incarnation, le Père inspira, manifesta ou communiqua au Fils sa volonté de racheter le monde par l'Incarnation et le sanglant sacrifice de la croix. En effet, dans la seconde Oraison avant la communion, le prêtre dit : « Seigneur Jésus-Christ, qui par la volonté du Père, ex voluntate Patris, et la coopération de l'Esprit-Saint, avez vivifié le monde par votre mort. » Le Fils, d'un commun accord avec le Père et le Saint-Esprit, par amour pour son divin Père et pour les hommes, agréa cette mission. Fait Homme il aima son divin Père et appelait avec ardeur l'heure où par un baptême de sang et par sa mort il effacerait les offenses contre son Père et contre la Majesté de Dieu ; il aima les hommes ; il désira par sa mort détruire la mort éternelle à laquelle ils étaient voués, leur donner la vie surnaturelle au prix de ses mérites, et par le sacrement de l'amour, afin de les ressusciter au dernier jour.

A cette fin, *factus est obediens usque ad mortem crucis*, il se fit obéissant jusqu'à la mort de la croix, mais d'une obéissance, *sui generis*, propre à lui seul. Car, étant comme Dieu, l'égal de Dieu le Père, il ne pouvait obéir que comme Homme. Or l'obéissance tombe sur la personne, et la Personne de Jésus-Christ, comme Homme, était la Personne du Fils naturel de Dieu, égal à Dieu son Père. On est par conséquent en droit de se demander, comment la Personne du Fils, pouvait-elle être le sujet d'un ordre, d'un commandement proprement dit? Il faut convenir que l'obéissance de Jésus, n'était pas la suite d'un commandement dans la rigueur des termes, émané du Père; mais que le Fils, par amour pour son Père et pour les hommes, se fit lui-même obéissant, et que par amour, et nullement par obligation, il prit comme un ordre et un commandement rigoureux, les vues que le Père lui avait manifestées, pour le salut du genre humain et la réparation des offenses contre la divine Majesté. De sorte que, en Dieu il n'y a pas deux volontés : l'Incarnation et le sacrifice du Calvaire n'étaient pas nécessaires, pour le rachat et le salut éternel de l'humanité. De même donc que le Père, le Fils était également libre d'une même volonté avec le Père, d'adopter ou de ne pas adopter le plan actuel de la Rédemption. Mais telle a été la volonté du Père, et telle a été la volonté du Fils. Or, pour l'obéissance du Fils à l'égard du Père, ne pourrait-on pas invoquer, du côté divin, le Deum de Deo, Lumen de Lumine, Deum verum de Deo vero ex Patre natum? Le Père, sous ce rapport, qui ne diminue d'ailleurs en rien l'égalité du Fils, est l'origine du Fils. Car, comme le dit très bien S. Augustin (Tract. 26, in Joan.) : « Je me suis humilié et je vis pour le Père... » s'il est dit, *je vis par le Père*, parce qu'il a son origine dans le Père, et le Père ne l'a pas dans le Fils; cela est dit sans détriment de leur égalité; d'autre part, le Fils est substantiellement uni à une nature tirée du néant, semetipsum exinanivit formam servi accipiens (Phil., II, 7), c'est une *raison*, non point une *cause* proprement dite, par laquelle le Fils se fit volontiers et librement doux et humble de Cœur, c'est-à-dire, par amour, non par obligation, et, fit de la sorte un précepte de ce qui n'était que la manifestation, l'inspiration du grand Mystère de la piété, magnum pietatis sacramentum (I Tim., III, 16) : du désir et du décret de la divine volonté, desiderii et propositi voluntatis (Eph., I, 5), qui lui était commun avec le Père. Ajoutons que le Père envoya le Fils, et que le Fils ne pouvait pas envoyer le Père, d'après la conception orthodoxe de la Trinité. Tout ceci soit dit sans fausser la vraie notion des choses.

Donc, l'amour qui est l'objet du culte public du Sacré Cœur est et l'amour divin et l'amour humain de Notre Seigneur. Son amour divin avant et après son Incarnation, et son amour humain dès son Incarnation et à jamais.

Considéré en lui-même, l'amour divin que le Fils de Dieu nous porta dès l'éternité, l'emporte sur son amour humain, cet amour éternel étant la cause de tous les biens dont il nous a comblés, devenu notre semblable. De même son amour divin pour son divin Père est plus précieux que ce même amour envers nous, par rapport *au terme*.

Toutefois l'amour objet principal du culte du Sacré Cœur est son amour et comme Dieu et comme Homme, *pour nous*. C'est ce que n'ont jamais cessé de nous apprendre, comme nous l'avons constaté, tous les actes des Pontifes romains ; c'est ce que les docteurs du Sacré Cœur nous ont enseigné, c'est la bonne nouvelle que Marguerite-Marie annonça au monde c'est ce que Jésus-Christ lui-même lui avait révélé.

Les autres fêtes honorent un acte, une manifestation particulière de l'amour ; celle du Sacré Cœur honore directement l'amour de Jésus-Christ en lui-même. C'est pourquoi le Maître des cérémonies du Palais apostolique, comme le rapportent les « Annales du droit pontifical » an. 1861, p. 336. disait dans la séance de la Congrégation des Rites du 11 août 1860 : « La fête du Sacré Cœur de Jésus, a pour objet *le mystère de l'amour* de Notre Seigneur Jésus-Christ mystère symboliquement exprimé dans son Cœur matériel. » La Congrégation approuva avec éloges. Tel est au fond l'esprit de la fête, quoique l'on honore spécialement l'amour de Jésus dans quelques-uns de ses principaux bienfaits ; tels sont, son Incarnation, l'Eucharistie sacrement de l'amour et l'amour des amours, sa Passion et sa mort, sa douceur, son humilité et son obéissance.

Ce qui précède est enseigné explicitement presque sur tous les points, dans le décret si souvent cité, de 1765. Nous y lisons en effet que par sa concession, la Congrégation des Rites sacrés (et le Souverain Pontife) ne fait que, ampliare cultum jam institutum, et symbolice renovare memoriam illius *divini amoris quo* Unigenitus Dei Filius humanam *suscepit* naturam et factus *obediens* usque ad mortem, præbere se dixit exemplum hominibus, quod esset *mitis* et *humilis* corde ; et dans l'office commun, il est dit, dans la 6e leçon : « Quam caritatem Christi *patientis*, et pro generis humani *redemptione morientis*, atque in suæ mortis commemorationem instituentis *Sacramentum corporis et sanguinis sui*, ut fideles sub sanctissimo Cordis symbolo... recolant. »

Dans cet ordre d'idées, elles sont très précieuses les considérations suivantes dont la Congrégation des Rites fait précéder sa réponse à certains doutes qui lui étaient soumis sur la fête du Sacré Cœur : « La fête du Sacré Cœur ne se rapporte pas à un mystère particulier dont la spéciale commémoraison solennelle n'ait pas été faite en des jours fixés par l'Eglise : mais elle est l'abrégé des autres solennités, dans lesquelles divers mystères sont célébrés, et l'on rappelle la mémoire de cette immense charité par laquelle le Verbe s'est fait chair pour notre rédemption et pour notre salut, a institué le sacrement de l'autel, a porté nos péchés et, mourant sur la croix, s'est offert comme victime en sacrifice à son divin Père ».

Enfin nous ne pouvons mieux terminer les explications sur cette doctrine d'après laquelle la charité de Notre Seigneur Jésus-Christ, dans le culte du Sacré Cœur, est représentée *et* en elle-même *et* dans les mystères les plus insignes dont elle a été la cause que par ce passage du Mémorial des évêques de Pologne, dont les Eminentissimes dignitaires de la Congrégation des Rites et les Souverains Pontifes ont reconnu la vérité.

Ce passage est ainsi conçu : « Par la fête du Cœur de Jésus, on ne rappelle pas seulement le souvenir d'une grâce particulière, mais *la source même de toutes les grâces* dans toute sa plénitude, et dans toute son étendue ; ce n'est pas tel ou tel autre mystère qui est vénéré spécialement : c'est *le principe même de tous les mystères* qui est proposé à notre contemplation et à nos adorations. En effet, tous les trésors de grâce, tous les mystères cachés dans l'intérieur du Christ et dans le plus intime de son Cœur ; tous les bienfaits répandus sur l'humanité tout entière par l'amour du très aimant Rédempteur ; tout ce qui constitue la passion intérieure du Christ (laquelle dans ses mystères est plus ineffable que sa passion extérieure) ce si digne objet de nos méditations et de l'amour de nos âmes : toutes ces grandes choses, nous les rappelons à notre esprit, nous les méditons et nous les honorons par la fête du Sacré Cœur » [1].

L'objet spirituel de ce culte c'est l'amour de Jésus principalement envers les hommes.

Dans la définition nous avons affirmé que l'amour de Jésus, objet de cette dévotion, était tout son amour, mais plus spécialement son amour divin et humain pour les hommes. Cela est prouvé par de nombreux documents.

En premier lieu, Jésus-Christ lui-même, révélant son Cœur à la b^{se} Marguerite-Marie : « Voilà ce Cœur, dit-il, *qui a tant aimé les hommes*, et il lui demanda

---

1. Mémorial de 1765. Réponse aux objections, n. 20.

l'institution d'une fête pour rendre un culte particulier à ce même amour.

Que dans ce très salutaire exercice de religion nous devions entendre dans ce sens l'amour de Jésus, c'est ce que prouvent ces quelques mots de la 5e leçon de l'office de la bienheureuse : « Tandis qu'elle priait devant la très sainte Eucharistie, Jésus lui apparut, lui montra son divin Cœur, au milieu des flammes de la charité, ceint d'une couronne d'épines, et lui ordonna, en retour d'une telle charité (ou, selon qu'il est dit plus haut : pour *un tel amour envers les hommes*) de demander l'institution du culte public de son Cœur. »

Pie IX confirme plus explicitement encore, cette particularité du culte, en ces termes : « Le Seigneur manifesta à la be Marguerite-Marie qu'il tiendrait pour très agréable, l'institution du culte de son Sacré-Cœur, brûlant du feu de la charité *envers le genre humain* [1]. »

De même, les postulateurs, en 1765, mettent bien en relief que : l'objet de cette fête, est le Cœur corporel et blessé et *débordant d'amour pour les hommes* : ut est amore hominum plenissimum (Mémorial, n. 31.) ou, *enflammé d'amour pour les hommes* : ut est amore hominum succensum (Memor., n. 32.)

Notre assertion est manifestement enseignée dans la Lettre Apostolique de S. S. Léon XIII du 28 juin 1889. (Voy. p. 9)

Enfin, comme d'après le principe ; la prière confirme la foi ; la prière de l'office commun du Sacré-Cœur confirme ce que nous exposons : Concédez-nous, ô Dieu tout-puissant : à nous qui, nous glorifiant dans le très saint Cœur de votre Fils bien aimé, nous rappelons le souvenir des principaux *bienfaits de sa charité pour nous...* »

---

1. Pie IX. Bref pour la Béatification de la Vén. Marg. Marie.

L'AMOUR DE JÉSUS

JUSQU'A LA MORT DE LA CROIX ; ET SON CARACTÈRE SPÉCIAL D'AMOUR MÉPRISÉ

La définition ajoute que cet amour, objet du culte, est l'amour le plus parfait et poussé jusqu'au sacrifice de la mort la plus cruelle. Inutile d'insister sur ce point, tant il est évident.

L'amour de Jésus, objet du culte de son Sacré-Cœur, est un amour méprisé, surtout dans le T. S. Sacrement et principalement par des personnes qui lui sont consacrées.

C'est Jésus lui-même qui nous recommande d'envisager sous ce rapport spécial son amour pour nous. dans le culte qu'il demande pour son divin Cœur.

Maintes fois Notre-Seigneur se plaignit à sa Bienheureuse servante, de ne recevoir des hommes que de la méconnaissance et des ingratitudes pour son incompréhensible amour. « C'est là, disait-il, ce qui m'est plus sensible que tout ce que j'ai souffert dans ma passion ; d'autant que, s'ils rendaient du retour à mon amour, je compterais pour peu de chose ce que j'ai fait pour eux, et je voudrais, s'il se pouvait, faire encore davantage ; mais ils n'ont que des froideurs et du rebut pour tous mes empressements à leur faire du bien. Du moins toi, donne-moi ce plaisir de suppléer à leur ingratitude autant que tu pourras en être capable [1]. »

Pour reconnaissance, disait-il une autre fois, je ne reçois de la plupart que des ingratitudes, par le mépris, les irrévérences, les sacrilèges et la froideur qu'ils ont pour moi dans ce sacrement d'amour. Mais

1. Vie de la B. même édit. 226.

ce qui m'est encore plus sensible, c'est que ce sont des cœurs qui me sont consacrés qui me traitent ainsi. C'est pour cela que je te demande que le premier vendredi après l'octave du Saint Sacrement, etc. [1] »

Le P. Croiset indique souvent cette propriété spéciale de l'amour du Sacré-Cœur. « Par cette dévotion, dit-il, on ne cherche qu'à faire des amis parfaits et de vrais adorateurs de Jésus... qui soient sensibles au peu d'amour qu'on lui témoigne, aux affronts qu'on lui fait, et qui lui en fassent amende honorable [2]. »

Cette condition de l'amour de Jésus dans ce culte, est mise en plus grande évidence par le P. de Gallifet. « Il faut observer *un point essentiel à la nature de notre dévotion* : c'est que, cet amour de Jésus dont son divin Cœur est embrasé, doit être considéré comme un amour *méprisé et offensé par l'ingratitude des hommes*. Le Cœur de Jésus doit donc être ici considéré sous deux rapports : d'une part comme embrasé d'amour pour les hommes ; et de l'autre, *comme offensé cruellement* par l'ingratitude de ces mêmes hommes [3]. »

Les postulateurs ne s'appliquent pas avec moins de soin dans leurs *Mémoires* à faire ressortir ce point de vue spécial. « Jésus veut que dans cet exercice de religion, son Cœur soit considéré tel qu'il est en lui-même, enflammé d'amour pour les hommes, et, *cruellement offensé* par l'impie ingratitude de ces mêmes hommes, et, par ce double motif, nous exciter à payer ce Cœur de quelque retour, et à réparer et à compenser par notre amour, les injures qu'il reçoit dans le sacrement même de son amour. [4] » Et ailleurs : « Il ne suffit pas pour connaître parfaitement la nature de ce très saint culte, de considérer le Cœur de Jésus en tant qu'il est embrasé d'amour pour les hom-

1. *Op. cit.*, 241.
2. P. Croiset, *Dévotion au Sacré-Cœur*, Introduction, XIX.
3. P. de Gallifet, *De l'excellence de la dévotion au Sacré Cœur*, 66.
4. Memor. de 1765, n. 32.

mes ; il faut en plus de cela, l'envisager en tant que *cruellement offensé* par des crimes atroces, même dans le sacrement de l'autel[1] ».

Enfin nous dirons avec le savant et pieux Muzzarelli « que cette pratique de piété a pour objet invisible et spirituel cette charité que Notre Seigneur Jésus-Christ *témoigna aux hommes*, principalement dans l'institution du très saint Sacrement, charité que les hommes méprisent et offensent[2] ».

On comprendra que nous ne nous attardions pas à refuter les objections, que, même de nos jours, certains auteurs opposent à des vérités dont les preuves sont incontestables.

---

1. *Ibid.*, n. 38.
2. Muzzarelli. *Esercizio di divozione al cuore di Gesu.* Introduzione.

ATTRIBUTS OU CARACTÉRISTIQUES

DE CE CULTE

Dans notre description nous disons : « *C*'est pourquoi dans ce culte, ce Cœur divin, symbole de l'amour de Jésus, est représenté avec la blessure qu'il reçut sur la croix, ceint d'une couronne d'épines, surmonté d'une croix, et le tout, enveloppé des flammes de la charité jaillissant de ce même Cœur et répandant au loin, leur divin rayonnement. » Ce n'est là, que la constatation d'un fait constant et universel, fondé sur la vision de la b^e^ Marguerite, comme nous l'avons rapporté (p. 122), et, c'est précisément « sous la figure de ce Cœur de chair, *tel qu'il fut montré* à Marguerite-Marie qu'il aime, avec une singulière complaisance, voir honorer les sentiments de son Cœur » [1].

Sa Sainteté Léon XIII, d'heureuse mémoire, attribue solennellement ces insignes au Cœur de Jésus, dans son encyclique : « Annum sacrum » pour la consécration du genre humain à ce même divin Cœur. Dans un langage inspiré par la plus vive confiance, et très propre à enflammer tous les courages, il nous adresse cette invitation : « Quand l'Eglise, toute proche de ses origines, gémissait sous le joug des Césars, une croix apparut dans le ciel, à un jeune empereur, elle était un présage et la cause d'un insigne et prochain triomphe.

Aujourd'hui, un autre symbole divin, présage très heureux, apparaît à nos yeux, c'est le Cœur très sacré de Jésus, *surmonté de la croix* et resplendissant d'un éclat incomparable au milieu des flammes.

Nous devons placer en lui toutes nos espérances ; c'est à lui que nous devons demander le salut des hommes, et c'est de lui qu'il faut l'espérer » [2].

---

1. Voy. *Vie et œuvres de la B^e^ Marguerite Marie,* I, 86, seqq. et II, 284.
2. Léon XIII, encyclique « *Annum sacrum* », 25 mai 1899.

DE LA FIN DU CULTE DU SACRÉ CŒUR

Cette fin, comme nous allons le prouver, est double ; elle consiste d'abord et principalement en ceci : faire naître et développer dans le cœur du fidèle, l'amour dont le Cœur de Jésus est embrasé ; et en second lieu comme conséquence et fruit de cet amour réparer les outrages faits en général à ce divin Cœur et en particulier dans l'Eucharistie, bienfait insigne de son amour pour nous.

Evidemment, quand il est question de la fin de cette dévotion, il ne s'agit pas de la bonté ou honnêteté de l'acte, selon que, attendu les circonstances, il est exercé conformément à l'ordre des choses ; ni de la dette ou de la convenance de l'acte ; car cela est commun à tout culte, puisque aucun ne doit être contraire à la droite raison ; de même que aucun ne peut être pratiqué, pour honorer ou Dieu, ou une créature, que parce qu'il est strictement dû, ou tout au moins, convenable. Il ne peut être question pareillement des fins particulières que chacun peut licitement se proposer, dans le tribut de louanges, d'amour, etc., qu'il offre au Sacré Cœur. Il s'agit par conséquent de la fin propre de cette dévotion, selon qu'elle nous est proposée par la suprême autorité de l'Eglise, d'accord avec la tradition.

De la fin principale, ou de l'amour du fidèle répondant à l'amour de Jésus symbolisé dans son Cœur.

La fin principale, le fruit spécial, le couronnement de cette reine des dévotions, de cette dévotion de l'amour, c'est l'amour ; non point l'amour objectif, si l'on peut s'exprimer ainsi, non point l'amour de Jésus, mais l'amour subjectif, celui dont le cœur du fidèle s'enflamme au contact de celui du Cœur de

Jésus. Cette si consolante vérité, c'est Notre-Seigneur lui-même qui nous l'apprend, selon que nous le lisons dans la 6e lettre de la bienheureuse disciple du Sacré Cœur, au R. Père Croiset : « Il m'était montré un cœur toujours présent, écrit-elle, jetant des flammes de toutes parts, avec ces paroles : « *J'ai soif, je brûle du désir d'être aimé.* » De même dans sa Vie écrite par elle-même, p. 325, elle dit : que Notre Seigneur lui fit connaître que *le grand désir qu'il a d'être parfaitement aimé des hommes*, lui avait fait former le dessein de leur manifester son Cœur. » Et encore : « Jésus-Christ règnera, malgré ses ennemis, et se rendra le maître et le possesseur de nos cœurs : car *c'est sa principale fin dans cette dévotion que de convertir les âmes à son amour.* »

Malgré notre désir d'abréger le plus possible, il nous paraît très convenable de citer les textes suivants des RR. PP. Croiset, de Gallifet, Terrien, et ceux des Mémoires des postulateurs : ils sont l'écho fidèle de l'enseignement de Notre Seigneur et de l'évangéliste privilégié de son Sacré Cœur.

Le P. Croiset nous apprend « qu'*un amour parfaitement* reconnaissant, *du côté des hommes*, accompagné du regret de voir cet Homme-Dieu si peu aimé et honoré, *est la fin principale* de cette dévotion. Op. cit., Introd. XII.

Le P. de Gallifet enseigne de même que : « La dévotion au Sacré Cœur a pour fin, d'honorer ce divin Cœur par tous les *hommages que l'amour et la reconnaissance peuvent inspirer*, et en particulier de lui faire réparation des injures qu'il reçoit dans le sacrement de son amour, op. cit., p. 68.

Enfin, le R. P. Terrien, dont l'autorité est d'autant plus grande qu'il résume magistralement l'enseignement de l'Eglise et celui des plus grands auteurs anciens et modernes, reconnaît que « le but propre et spécial de ce culte est l'amour : non pas l'amour du Verbe incarné pour nous ; puisque cet amour en est l'objet, mais l'amour des hommes pour ce divin Sauveur et pour Dieu. » (Op. cit., p. 172.) Cela revient à dire que le but de ce culte est : d'honorer l'amour de Jésus manifesté dans son Sacré Cœur par un parfait retour d'amour du fidèle. C'est donc à la fois, l'amour du fidèle *honorant*, et l'amour du Sacré Cœur *honoré*. Donc pour que notre amour honore le Sacré Cœur, il faut que cet amour naisse en nous : c'est là la fin.

Quant aux Mémoires présentés à différentes époques à la Congrégation des Rites, celui de 1697, sous Innocent XII, fait converger tous ses raisonnements pour prouver : « que la fin de cette dévotion est de payer un tribut d'amour au Sacré Cœur de Jésus source et siège de l'amour », nimirum, tributum amoris ipsi fonti amoris, etc.. » Nilles, op. cit., I, 442.

En 1727, sous Benoît XIII, le Mémorial indique cette fin comme il suit : « Finis autem duplex hujus pii officii proprius, nimirum respondendi amori Christi et reparandi injurias ei in Sacramento inflictas... » « La fin propre de cette pieuse pratique, c'est et de répondre à l'amour du Christ, et de réparer les injures qu'il reçoit dans le Saint Sacrement. » Enfin, sous Clément XIII, en 1765, les postulateurs par l'organe de l'avocat Alegiani mettent ce point en relief par ces mots : « Ponderetur, quam deceat Ecclesiam, sponsam Christi matremque fidelium, amori Sponsi dilectissimi respondere, ejusdemque Cordis afflictioni satisfacere. » Que l'on considère combien il est convenable que l'Eglise, Epouse du Christ et mère des fidèles, rende amour pour amour à son Epoux bien aimé et fasse réparation d'honneur à son Cœur affligé. » Réponse aux objections du Promoteur, n° 24.

La liturgie sacrée consacre cette doctrine ; ainsi à l'hymne de Laudes, elle chante : Hoc sub amoris symbolo... Quis non amantem redamet ? et à la secrète de la Messe : « Egredimini » elle fait cette prière : « Nous vous supplions, Seigneur, de nous accorder que le Saint-Esprit nous enflamme de l'amour que Notre Seigneur Jésus-Christ a fait jaillir de son Cœur sur la terre, et dont il a voulu qu'elle s'embrase. » Pie IX, dans le bref de la béatification de Marguerite-Marie, confirme tout ce qui précède en proclamant que « pour étendre de plus en plus « l'incendie de la charité qui consume son propre

« Cœur, Jésus a voulu que le culte de son très Saint « Cœur fût institué dans l'Eglise et partout propagé. »

Terminons par ces paroles si expressives et si encourageantes du grand Léon XIII dans ses Lettres apostoliques du 28 juin 1889 : « Le désir le plus ardent de notre Sauveur, est de voir naître et grandir chez les fidèles le feu d'amour dont son propre Cœur est dévoré... Allons donc à Celui qui ne nous demande comme prix de sa charité que *la réciprocité de l'amour* et, dans son Cœur blessé tout à la fois par l'amour et par le fer, cherchons le refuge qu'il a daigné nous y préparer. »

De la seconde fin spéciale au culte du Sacré Cœur, ou, de la Réparation des injures faites au Sacré Cœur de Jésus spécialement dans le très saint Sacrement de l'Eucharistie.

Enfin notre définition se termine par l'énoncé de la seconde fin de ce culte, fin particulière et fruit de l'amour : « inspirer à ses fidèles, l'esprit de réparation et d'amende honorable pour les injures dont il est l'objet principalement dans le sacrement de son amour et pendant qu'il a été exposé sur les autels.

L'amour de Jésus, étant envisagé sous tous ses rapports et dans toutes ses manifestations, mais aussi (et c'est là son caractère spécial) dans sa condition d'*offensé*, il convenait, qu'à cet amour méprisé et outragé, répondît dans le culte, cette fin de Réparation. Quoi de plus raisonnable en effet, que le culte de l'amour répare les injures faites à l'amour, d'abord en général ; puis en particulier celles qui lui sont infligées dans le Saint Sacrement de l'autel, dans le saint sacrifice de la messe, les communions, etc... La raison est toujours la même : l'Eucharistie est le sacrement de l'amour. Il est équitable, par conséquent, que le dévot du Sacré Cœur, c'est-à-dire, de l'amour de Jésus, considère comme lui étant adressé personnellement ce que Notre Seigneur dit à sa dévouée servante : « C'est pour cela que je te demande que le premier vendredi d'après l'Octave du Saint Sacrement soit dédié à une fête particulière pour honorer mon Cœur en lui faisant réparation d'honneur par une amende honorable, communiant ce jour-là pour réparer les indignités qu'il a reçues pendant le temps qu'il a été exposé sur les autels ; et je te promets que mon Cœur se dilatera pour répandre avec abondance les influences de son divin amour sur ceux qui lui rendront cet honneur [1]. » Ces preuves sont largement suffisantes. D'autre part les preuves que nous apportions tout à l'heure pour démontrer la fin générale contiennent en même temps, les éléments nécessaires pour prouver cette fin spéciale.

Promesses.

Il existe aussi de magnifiques promesses, très connues de tous, et que, appuyée sur la parole de Notre Seigneur Jésus-Christ, la b^e^ Marguerite a transmises aux amis du Sacré Cœur, et dont voici le résumé.

1. Je leur donnerai toutes les grâces nécessaires dans leur état.
2. Je mettrai la paix dans leur famille.
3. Je les consolerai dans toutes leurs peines.
4. Je serai leur refuge assuré pendant la vie et surtout à la mort.
5. Je répandrai d'abondantes bénédictions sur toutes leurs entreprises.
6. Les pécheurs trouveront dans mon Cœur la source et l'océan infini de la miséricorde.
7. Les âmes tièdes deviendront ferventes.
8. Les âmes ferventes s'élèveront à une grande perfection.
9. Je bénirai même les maisons où l'image de mon Cœur sera exposée et honorée.
10. Je donnerai aux prêtres le talent de toucher les cœurs les plus endurcis.
11. Les personnes qui propageront cette dévotion auront leur nom écrit dans mon Cœur, où il n'en sera jamais effacé.
12. Je te promets, dans l'excès de la miséricorde de mon Cœur, que mon amour tout puissant accor-

1. l. c.

dera à tous ceux qui communieront les premiers vendredis, neuf fois de suite, la grâce de la pénitence finale, qu'ils ne mourront point dans ma disgrâce, ni sans recevoir les sacrements, et qu'il se rendra leur asile assuré à cette heure dernière.

Pratiques

La Be Marguerite apprit de Notre Seigneur lui-même les pratiques spéciales suivantes pour honorer son Sacré-Cœur : l'*amende honorable* le jour de la fête du Sacré Cœur, ainsi que *la communion en esprit de réparation*, selon que nous l'avons dit ; l'*heure sainte ; la communion des premiers vendredis de neuf mois sans interruption.*

Nous ne jugeons pas nécessaire de dresser parallèlement la comparaison entre la théorie et l'économie du culte du Sacré Cœur expliqué par le V. Jean Eudes, et l'exposé de ce même culte d'après les enseignements transmis directement par Notre Seigneur Jésus-Christ à la Disciple privilégiée de son Sacré Cœur. Un rapide coup d'œil suffit pour constater en quoi l'un diffère de l'autre.

Nous ne pouvons mieux terminer ces quelques pages, qu'en rappelant l'ancienne promesse d'un avenir glorieux pour la France, par le Sacré Cœur.

Le don de ce divin Cœur est *le dernier effort* de la miséricordieuse bonté du Sauveur pour nous et le moyen providentiel du salut du monde en ces derniers temps ; maints textes le prouvent. Enfin notre retour de dilection envers ce divin Cœur qui nous a tant aimés et la réparation des outrages qu'il reçoit surtout dans le Saint-Sacrement, est le moyen le plus riche en divines et surnaturelles promesses, et la pratique la plus sûre et la plus efficace pour le bonheur temporel et éternel des particuliers dans tous les états, et des familles, non moins que la garantie la plus infaillible, la plus noble et la plus consolante de régénération et de prospérité sociale pour tous les peuples, et en particulier pour notre patrie bien-aimée. Nous avons déjà donné le texte de la promesse la plus sûre de salut éternel que Dieu ait jamais faite au nom et à la gloire du Sacré Cœur de Jésus à tous ceux qui communieront les premiers vendredis de neuf mois sans interruption. Voici maintenant la grande promesse nationale pour la France. Le 23 février 1689, la b[e] Marguerite-Marie écrit à la Mère de Saumaise, son ancienne supérieure : « Ah que de bonheur pour vous et pour ceux qui contribuent à glorifier l'aimable Cœur de Jésus ! Non seulement ils s'attirent son amitié et ses bénédictions éternelles, mais ils gagnent un puissant patron à notre patrie... Il n'en fallait pas un moins puissant pour détourner la juste colère de Dieu. » Le 17 juin de la même année, la bienheureuse écrivait encore : « Le divin Cœur désire entrer avec magnificence dans la maison des princes et des rois pour y être honoré autant qu'il a été outragé, méprisé et humilié en sa passion. Il faut qu'il ait autant de plaisir à voir les grands de la terre humiliés devant lui, qu'il a senti d'amertume à se voir anéanti à leurs pieds. » Et voici les paroles que j'entendis à ce sujet : « Fais savoir au fils aîné de mon Sacré Cœur (parlant de Louis XIV) que comme sa naissance temporelle a été obtenue par la dévotion aux mérites de ma sainte Enfance, de même il obtiendra sa naissance de gloire éternelle par sa consécration à mon Cœur adorable. Il veut triompher du sien, et par son entremise, de celui des grands de la terre. Il veut régner dans son palais, être peint dans ses étendards et gravé dans ses armes, pour les rendre victorieuses de tous ses ennemis et de tous les ennemis de la sainte Eglise. » — Le Cœur de Jésus, etc., par le P. H. Pothier, p. 287. — Enfin le P. Ronsin, confesseur de la grande servante de Dieu, Marie de Jésus, de la congrégation de Notre-Dame (Maison des Oiseaux) nous a transmis les communications de Notre Seigneur à cette religieuse. Le 21 juin 1823, Jésus-Christ lui dit en termes formels : La France est toujours bien chère à mon divin Cœur, et elle lui sera consacrée. Mais il faut que ce soit le roi (Nous avions alors un roi, Louis XVIII) lui-même qui consacre sa personne, sa famille et tout son royaume à mon divin Cœur ; mais qu'il lui fasse élever un autel, ainsi qu'on en a élevé un, au nom de la France, en l'honneur de la sainte Vierge. Je prépare à la France un déluge de grâces lorsqu'elle sera consacrée à mon divin Cœur et toute la terre se ressentira des bénédictions que je répandrai sur elle. »

La plupart des conditions demandées par Notre Seigneur pour la gloire de son divin Cœur, afin d'accorder à la France, le salut, la prospérité et la gloire ont déjà été remplies. Un temple national lui est élevé sur la montagne de Montmartre, appelée par nos écrivains nationaux, « l'œil et le cœur de la France », avec l'autorisation du pouvoir souverain dans l'ordre civil et la bénédiction de la suprême autorité religieuse. Tous nos évêques lui ont consacré leurs diocèses.

Deux choses manquent encore : la consécration par le premier magistrat du pouvoir civil de sa personne, de sa famille et de la France ; et l'apposition de l'image du Sacré Cœur sur le drapeau et sur l'épée de la France. Appelons par notre amour envers le Sacré Cœur la réalisation de ces conditions pour hâter le jour où la France, délivrée de ses ennemis temporels et spirituels, jouisse d'une très grande prospérité, et acquière une gloire immortelle par sa glorification du Cœur de Celui qui l'a honorée de sa prédilection, nous souvenant toujours de la devise du succès : *Par le Cœur immaculé de Marie, au très Sacré Cœur de Jésus.*

Per Cor Mariæ ad Cor Jesu. Amen.

NOTE

Le cœur est un organe conoïde creux et musculaire, avec des plexus ou filets nerveux qui le pénètrent et l'enserrent et des ganglions nerveux de substance grise, à laquelle on attribue plus spécialement la sensibilité. Il a la forme d'un cône renversé, à face modérément comprimée, dont l'axe est oblique de haut en bas, d'arrière en avant et de droite à gauche. Sa base en haut, correspond au deuxième espace intercostal, dépasse un peu à droite le sternum, dont il s'éloigne en se rapprochant de la colonne vertébrale vers la cinquième vertèbre dorsale. Son sommet renversé, s'applique sur la poitrine à gauche et vient battre entre la cinquième et la sixième côte. Sa couleur est d'un rouge brun et il a sensiblement la grosseur du poing.

Il est situé immédiatement derrière le sternum ou paroi horacique qui le protège à la manière d'un bouclier en avant de la colonne vertébrale, dont le séparent l'aorte descendante et l'œsophage ; il occupe entre les deux poumons, qu'il contribue à tenir écartés, et qui lui forment une espèce de couche, un espace qui porte le nom de médiastin ; en bas il repose sur le diaphragme, espèce de cloison, qui ferme dans sa partie inférieure la cavité thoracique ; en haut, il reste à une petite distance de la racine du cou.

Les gros vaisseaux qui se portent vers lui ou qui en émanent, auxquels il est suspendu, et le péricarde, espèce de bourse qui l'entoure, mais qui est trop grande pour le contenir, ce qui lui donne une facilité extrême pour accomplir ses mouvements, constituent ses principaux moyens de fixité.

Il est composé de quatre cavités ; deux à droite superposées et communiquant entre elles par une valvule s'ouvrant de haut en bas, et deux à gauche selon le même système. Les deux cavités d'en haut sont appelées oreillettes ; celles d'en dessous portent le nom de ventricules. Les deux cavités de droite sont séparées des deux cavités de gauche par une cloison musculaire qui en fait comme deux cœurs, ou un organe double, et, ne communiquant entre elles que par des canaux extérieurs, c'est-à-dire, par des veines et des artères, qui partant du cœur, ou, y aboutissant, en véhiculent le sang expulsé, ou l'y ramènent, comme il suit.

Les deux cavités supérieures du cœur (oreillettes) fonctionnent simultanément avec les deux inférieures (ventricules) mais par des mouvements réciproquement alternatifs, c'est-à-dire que, lorsque les deux oreillettes se contractent (mouvement de systole) les deux ventricules se dilatent (mouvement de diastole) et vice versa. Voici leur jeu respectif. Prenons pour point de départ la diastole, ou dilatation des oreillettes ou cavités supérieures. Par sa dilatation, l'oreillette droite, reçoit le sang noir ou veineux, par les trois vaisseaux : la veine coronaire, la veine cave supérieure et la veine cave inférieure. La première apporte le sang qui a nourri le cœur; la deuxième déverse, tout mélangé *a*) le sang veineux qui a nourri la tête, les membres supérieurs et les muscles de la poitrine ; *b*) la lymphe recueillie dans la région supérieure du corps ; *c*) le chyle et la lymphe que le canal thoracique amène des régions inférieures ; enfin le troisième, mélangé au sang veineux qui a nourri tous les points de l'organisme situé au-dessous de la poitrine, le sang de la veine porté avec les produits liquides de la digestion et le sucre secreté par le foie.

Ayant reçu ce sang, l'oreillette droite se contracte. Cette pression et le poids du sang, ouvrent la valvule de communication avec le ventricule droit correspondant, lequel se dilatant, reçoit le sang à son tour. Mais le mouvement n'est pas complet ; car cette cavité inférieure n'a fait que se dilater. Elle va se contracter, et par ce mouvement elle obtiendra ce double résultat, et d'obturer le passage du sang à l'oreillette par la fermeture de la valvule, et de le refouler par l'aorte pulmonaire (veine) dans les poumons pour y être vivifié. Mais ce sang ne reste pas là, immobile ; il circule toujours, poussé par les ondes qui se succèdent à chaque contraction du ventricule droit.

Passons au côté gauche, à la cavité supérieure d'abord. Nous venons de voir le sang envoyé dans les poumons par la contraction du ventricule droit. A cette contraction a répondu simultanément la dilatation de l'oreillette, ou cavité supérieure gauche. Cette dilatation lui permet de recevoir, des poumons, par les quatre veines (artères) pulmonaires, le sang rouge artérialisé, c'est-à-dire, régénéré par une perte partielle de son acide carbonique et par une nouvelle provision d'oxygène.

Cette partie du trajet circulaire compris entre le ventricule droit et l'oreillette gauche en passant par les poumons, a reçu le nom de circulation pulmonaire ou petite circulation ; tandis que, le cercle parcouru par le sang, sous l'impulsion du ventricule gauche à l'oreillette droite, en passant par tout l'organisme, est appelé grande circulation, ou circulation générale. Pour cette dernière opération, le ventricule gauche exécute son mouvement de contraction en même temps que le ventricule droit. Comme celui-ci, il ferme sa valvule de communication s'ouvrant de haut en bas pour que le sang ne reflue pas dans l'oreillette correspondante. De sorte que la force de la contraction refoule le sang par l'artère aorte et par ses ramifications (en commençant par le cœur lui-même au moyen de ses artères coronaires) par l'artère aorte disons-nous, et par ses ramifications de plus en plus capillaires, dans l'organisme tout entier, d'où il est ramené de nouveau par les veines dans l'oreillette droite selon que nous l'avons expliqué et pour recommencer toujours le même jeu : de l'oreillette droite au ventricule droit ; de celui-ci aux poumons ; des poumons à l'oreillette gauche ; de celle-ci au ventricule gauche, et de ce dernier dans tout l'organisme jusqu'à l'oreillette droite.

PIÈCES JUSTIFICATIVES

Auteurs d'avant le XIIe siècle[1]

Nam in commentariis, quos ab ejus apostolis eorumque discipulis scriptos dico, proditum est sudorem, veluti guttas sanguinis, ex eo defluxisse, cum precaretur ac diceret : Si fieri potest transeat calix iste : contremiscente videlicet illius corde, et ossibus similiter contremiscentibus, ac corde speciem habente liquescentis in ventrem ceræ, ut certo sciremus voluisse Patrem in ejusmodi etiam perpessionibus Filium suum vere propter nos versari. — *S. Justin* le philosophe, martyr. — Proinde, ut nos faceret aqua vocatos, sanguine electos, hos duos baptismos de vulnere perfossi lateris emisit. — *Tertullien.*

« Innixa super fratruelem suum », id est, super pectus ejus recumbens, significanterque de anima sponsa et Sermone dicitur, super pectus illius recumbens, quia principale ibi cordis est nostri... Diversis vocabulis, principale cordis, appellari in Scripturis divinis invenimus, quæ vocabula, pro causis ac rebus de quibus agitur, aptari solent. Interdum enim, cor dicitur, ut : Beati mundo corde ; et : corde creditur ad justitiam. Si vero convivii tempus sit, pro specie et ordine discumbentium, vel sinus, vel pectus appellatur, sicut Joan. in evangelio refert, etc... in his enim certum est quod Joannes in principali cordis Jesu, atque in internis doctrinæ ejus sensibus requievisse dicatur, ibi requirens et perscrutans thesauros sapientiæ et scientiæ qui reconditi erant in Christo Jesu. Sed quod sinus Christi in loco dogmatum sanctorum accipiatur, puto indecens non videri.

1. Pour les références, voy. le texte.

Diversis ergo modis, ut dicere cœperamus, principale cordis in Scripturis sanctis designatur. Secundum hæc ergo, etiam in præsenti loco, quandoquidem amatorium videtur drama quod agitur, in « uberibus » principale cordis intelligamus. — *Origène.*

Et membra (de S. Sanctus) quidem adurebantur : ipse vero rectus atque inconcussus, firmis vestigiis in confessione perstitit, utpote cælesti fonte aquæ vivæ, quæ *ex ventre* Christi, ἐκ τῆς νηδύος profluit, perfusus firmatusque. — *Eusèbe* l'historien.

Homo Dei qui prudentia consilia init (illud enim significat, *cor altum*) cum accurate mysterium perpenderit, hymnis usus congruentibus, Deum exaltabit. — *S. Athanase.*

« *Discite a me quia mitis sum et humilis corde* » : O Magistrum Dominumque mortalium, quibus mors poculo superbiæ propinata atque transfusa est.

S. Augustin.

Κατευθύνοντα Παιδὸς εἰς ἧπαρ δόρυ in Filii mei pectus hastam dirigentem ».

Texte apocryphe attribué à *S. Grégoire de Nazianze.* Voy. P. G-l. XXXVIII, 221. vers 1074.

Latus ejus lancea aperuerunt, et exivit sanguis et aqua... ex ambobus Ecclesia constituta est. Sciunt hoc initiati : per aquam enim regenerati, sanguine et carne nutriti sunt. Hinc mysteria ortum habent, et quoties ad admirandum calicem accedis, tamquam *ab ipso latere* hauriens, accedas. »

S. Jean Chrysost. Homil. 85 (alias 54) in Joan., c. XIX.

« Discite a me quia mitis sum, etc. » ; omnium quippe bonorum mater est clementia. »

Id. homil. XXXVIII, in Matth.

« Trajectus per utrumque latus, laticem atque cruorem Christus agit. Sanguis victoria ; lympha lavacrum est. »

Prudentius. Dittochaeum. P. l. LX. 108, vers 165 et 166.

Quod et si hoc quæris, cur non ex alio membro, sed ex latere potius produxisse dicatur aquam et sanguinem? Videtur mihi in latere per costam mulier indicari. Quia ergo fons peccati et mortis de muliere prima, quæ fuit primi Adam costa; processit: fons redemptionis ac vitæ de secundi Adam *costa* producitur. » *Rufinus* Aquileiensis. Comment. in symbol. apostol. P. l., XXI, 362.

Cor autem in Scripturis sanctis pro *sensu* et *anima* debemus accipere. — *S. Jérôme*. In Jeremiam proph., l. I, c. IV. P. l. IV, XXIV, 709.

Latus Christi percutitur lancea : baptismi atque martyrii pariter, sacramenta fundantur. *Id.*, Epist. 83 ad Oceanum.

« Hoc prænuntiabat, quod Noe in latere arcæ ostium facere jussus est, qua intrarent animalia quæ non erant diluvio peritura, quibus præfigurabatur Ecclesia. Propter hoc prima mulier facta est de latere viri dormientis, et appellata est vita materque vivorum. Magnum quippe significavit bonum, ante magnum prævaricationis malum. Hic secundus Adam, inclinato capite, in cruce dormivit, ut inde formaretur ei conjux, quæ de latere dormientis effluxit. O mors unde mortui reviviscunt!... Quid vulnere isto salubrius? — *S. August*. Tract. CXX. in Joan.

« Factum est cor meum tamquam cera liquescens in medio ventris mei, » sapientia mea, quæ in sanctis Libris de me conscripta est, tamquam dura et clausa non intelligebatur; sed postquam ignis meæ passionis accessit, tamquam liquefacta, manifestata est, et excepta est in memoria Ecclesiæ meae. — *Id.* Enarratio in Ps. XXV. P. l. XXXVI, 169.

Hebræorum editio initium præsentis contextus facit ab illis verbis : « et aspicient ad me » : porro cum LXX traditione et interpretatione non consentit. Nam, pro *insultaverunt*, habet illa : « videbunt in quem transfixerunt. » Transfixerunt quippe milites Pilati latus ejus, sicut legimus (Joan., XIX, 34). Quocirca hæc verba de Persona Christi apte explicabimus. » *S. Cyrille d'Alexandrie*, Commentar. in Zachariam proph. P. G. l. LXXII, 223.

« Vulnerasti ergo cor meum. » Id est, tali oculo prædita, et ejusmodi torque decorata, nos *in amorem ac desiderium* tui concitasti. » *Théodoret.* év. de Cyr. In Canticum Cantic., l. III, C. G. l., LXXXI, 139.

« Pone me, inquit, pro signaculo in *corde tuo*, et super brachium tuum. « Cor quidem appellat animae vim contemplativam, brachium autem activam. »

Id., *ibid.*, 203.

Nam et in Cœnæ mysticæ sacrosancto convivio, super ipsius vitæ fontem æternum, scilicet *pectus* recubuit Salvatoris : de quo perenniter manantia cælestis hauriens fluenta doctrinæ, etc. »

S. Gélase, I, P l., LXXVIII, 34.

« Factum est cor meum tamquam cera liquescens in medio ventris mei » (Ps., XXI, 15) : *Cor suum voluntatem suam dicit*, quæ in Scripturis divinis clausa tegebatur ; sed impleta passione, omnis veritas de adventu ejus promissa, revelata est. » — *Cassiodore* (M. Aurelius) in Ps. XXI. P. l., LXX, 158.

« *Per foramina autem petræ*, vulnera manuum et pedum Christi in cruce pendentis libenter intellexerim. *Caverna vero maceriæ*, vulnus *lateris* quod lancea factum est, eodem sensu dixerim. » *S. Grégoire le Grand*. Super Cantica Canticor. expositio, c. I. P. l., LXXXI, 499.

« Pone me ut signaculum super cor tuum, ut signaculum super brachium tuum » (Cant., VIII, 6). In corde sunt *cogitationes*, in brachio operationes. » *Id.*, *ibid.*, 541.

« Vulnerasti cor meum, soror mea, etc. » Potest hic sermo et simpliciter accipi, quia commemoratione vulnerati cordis, magnitudinem amoris quem erga Ecclesiam habet, exprimere voluerit. »

S. Bède le Vénérable.

In Cant. Canticor. allegorica expositio, l. IV,

P. l. xci. 1139. — Ce texte considéré dans un sens absolu, a de l'importance, mais il ne prouve pas que son auteur ait eu la dévotion proprement dite au Sacré-Cœur de Jésus ; car dans ses autres commentaires de l'Ecriture sainte où ce culte aurait été certainement exprimé et expliqué par un vrai dévot de ce Cœur divin, il n'en laisse rien soupçonner.

« Pone me super cor tuum », per *cogitationem* ; (un dévot du Sacré-Cœur dirait : *per amorem*) super brachium tuum », per operationem. »

Id., *ibid.*, 1211.

« Pone me ut signaculum, etc. » Cant., viii, 6. — Per cor, *cogitatio*, et per brachium designatur operatio. »

Bx Alcuin (ou Albin, Flaccus), abbé. Précepteur de Charlemagne. Compend. in Cant. Cantic., c. viii, P l., c, 662.

Nam, postquam emisit spiritum, veniens unus militum, accepit lanceam et aperuit latus ejus, unde quasi de vivo fonte manavit sanguis et aqua ; et hic est verus calix, quia veraciter passus pro salute nostra, non minus sanguinem pretii, quam undam baptismi fudit, et quod tunc de carne fluxit, hoc nunc credentes in calice bibunt. Satis provide, divina providentia hoc simul (le sang et l'eau) de suo *latere* produxit, ut unde mulier quæ deceperat priorem Adam, creata est ; inde rursus Ecclesia formaretur, cujus Christus in cruce peccata tulit. »

S.Paschase Radbert. Abbé L., de corpore et sanguine Domini, c. xi, n. 2, P. l. cxx, 1308.

« Factum est cor meum tamquam cera liquescens etc. » — Ps. xxi. — id est Scripturæ sacræ in qui bus latebat voluntas mea, infirmatæ sunt in medio ventris mei, id est, in corde infirmorum meorum. »

Rémy, moine d'Auxerre. Enarrat. in Psalmos, Ps. xxi. P. l. cxxxi, 253.

« Et appropinquavit cor illus. » — Ps. li, 22. —

Quia voluntates divinæ quæ latebant in Scripturis, indiscussæ apparuerunt. » *Id.* op. cit., 419.

« Accedet homo ad cor altum. » Ps. LXIII, 7. — id est, ad inscrutabile consilium Dei. » *Id.*, ibid., 462.

Premiers textes connus pour prouver le commencement du culte privé du Sacré Cœur.

Dulcis Jesus in apertione lateris; apertio siquidem illa revelavit nobis divitias bonitatis suæ, caritatem scilicet cordis sui erga nos. » *S. Anselme.* Meditatio X. de Passione Christi (ex bibliotheca Vaticana) P. l. CLVIII, 762.

« Sed cum accedere gestio ad eum, sicut Thomas ille vir desideriorum, totum eum desidero videre et tangere ; et non solum, sed accedere ad sacrosanctum lateris ejus vulnus, ostium arcæ quod factum est in latere, et non tantum mittam digitum vel totam manum, sed totus intrem usque ad ipsum Cor Jesu, in Sanctum sanctorum, in arcam Testamenti ; ad urnam auream, animam nostræ humanitatis continentem intra se, manna divinitatis, etc. » *Guillaume, abbé de S.-Thierry.* De contemplando Deo, P. l. CLXXXIV, 368.

Investigabiles istæ divitiæ gloriæ tuæ Domine, penes te latebant in cælo secreti tui, donec lancea militis aperto latere Filii tui Domini et Redemptoris nostri, in cruce (Joan., XIX), redemptionis nostræ effluxerunt sacramenta, ut in latus ejus non jam digitum mittam, aut manum, sicut Thomas (Joan., XX), sed in apertum ostium toti intremus usque ad Cor tuum, Jesu, certam sedem misericordiæ, usque ad animam tuam sanctam, plenam omnis plenitudinis Dei, plenam gratiæ et veritatis, salutis et consolationis nostræ. Aperi, Domine, ostium lateris arcæ tuæ, ut ingrediantur omnes salvandi tui a facie diluvii hujus inundantis super terram ; aperi nobis latus corporis tui, et ingrediantur qui desiderant videre occulta Filii, et suscipiant profluentia ex eo sacramenta, et pretium redemptionis suæ. Aperi ostium cæli tui ut videant bona Domini in terra viventium, redempti tui qui adhuc laborant in terra morientium ; videant et concupiscant, ardeant et currant, etc. » *Idem.* Meditativæ orationes, Medit. VI, P. l. CLXXX, 225.

Benedictus qui ut nidificare possem in foraminibus petræ, manus, pedes et latus perforari sibi tulit, et se mihi totum aperuit, ut ingrediar in locum tabernaculi admirabilis. Ideo quippe latus suum aperuit, ut spiritus Cordis quasi libero meatu aspiret. » *Bx Guerric*, abbé d'Igny. Sermo IV, in Dominica, Palmar. P. l. CLXXXV, 140.

« Ferrum pertransiit animam ejus et appropinquavit cor illius, ut non jam non sciat compati infirmitatibus meis. Patet arcanum Cordis per foramina corporis ; patet magnum illud pietatis sacramentum, patent viscera misericordiæ Dei nostri, in quibus visitavit nos oriens ex alto. » *S. Bernard.* in Cant. sermo LXI. P. l., CLXXXIII, 1072.

« Et quod est cor Salomonis nostri ? Vos, inquit, estis corpus Christi et membra de membro (I. Cor., XII, 27.) Felix plane quodcumque membrum capitis hujus ; sed qui cor est ejus de præcipuis est. Et vide, si non cor est, qui quodam in ventre secretorum Dei fovetur, in vitali affectionum calore, in medio meditationum. De corde enim cogitationes, non operationes exeunt (Matth., XV, 19). Jure ergo cor est, qui in medio spiritualium locatus est cogitationum, in pinguedine gratiarum, in quodam ventre veritatis, in utero sapientiæ, cujus in typo Salomon ponitur... Egredimini hinc, nostræ filiæ Sion, et videte ut et vos transeatis in affectum Cordis hujus. » *Gilbert de Holland*, abbé. Sermo XXI, in Cant. P. l., CLXXXIV, 113.

« Vulnerasti, inquit, cor meum », etc... Cordis vulnus vehementiam designat amoris. O vere dulce Cor, quod nostris movetur affectibus ad rependendam vicissitudinem amoris »... Quid est hoc miraculi, fratres ? Nonne beatam hanc reputatis animam, quæ ipsum Cor Domini nostri Jesu Christi piis affectibus transfigit et penetrat ? Acutus et efficax et vere violentus affectus ille est, qui tuum, Jesu bone, meretur et movet affectum... Magna et violenta est vis caritatis, ipsum affectum Dei attingens et penetrans et veluti sagitta jecur ejus transfigens... Bonum vulnus de quo virtus egreditur. Tetigit mulier fimbriam, et virtutem de se sensit Christus exire (Luc, VIII, 43). Quanto magis cum Cor ejus non leviter tangitur, sed vulneratur, gratiam de se emanare sensit? Vulnus istud non est sine sensu : ideo puri aspectus in illud spicula vibra : reputa illud quasi signum positum ad tales sagittas. » *Id.*, ibid. Serm. XXX, p. 155, seqq.

Ideo quippe latus suum pius et misericors aperuit ut cruor te vulneris vivificet, calor corporis refocillet, spiritus Cordis quasi patenti et libero meatu aspiret. Ibi tuto latebis, donec transeat iniquitas ; ibi nequaquam algebis, eo quod in visceribus Christi non frigescat caritas. » *B*[x] *Guerric*, op. cit.

Si Cor Christi attendimus, nihil illo dulcius, nihil illo benignius. Nil uspiam creaturarum illo Corde dulcius esse potuit, nil umquam dulcius esse poterit ; nullum cor Corde illo uberius exsultavit... Perpende, si potes, quanta dulcedo Cordis illius fuerit, quam, tanta Passionis acerbitas, interpolare vel attenuare non potuit. Præ cæteris omnibus, Emmanuel, Cor carneum ad compatiendum habuit, quoniam ad omnem pietatis affectum nihil illo umquam tenerius fuit. » *Richard de S. Victor.* De Emmanuele, l. II, c. XXI. P. l. CLXXXVI.

« Et angustias quidem Cordis tui certissime indicabat sudor ille sanguineus, qui orationis tempore, de carne tua sanctissima guttatim decurrebat in terram... quibus doceremur quia vere languores nostros portasti, et non absque sensu doloris, passionum sentes percurristi. »

Egbert, abbé, Sermo de Vita et Passione Domini. P. l., CLXXXIV, 958.

« Ps. CIV. Ferrum, inquit, pertransiit animam ejus, appropinquavit cor illius », ut jam videamus quia *in Corde ipsius* patent arcana cordis ; per foramina corporis patent viscera misericordiæ Dei nostri, in quibus visitavit nos oriens ex alto (Luc., I). Propheta qui nondum per rimas et fixuras clavorum introspexerat, miratur et dicit : quis novit sensum Domini : aut quis consiliarius ejus fuit. — Isaï, XL,

— Rom., XI. — Lancea mihi aperuit secretum Domini, de quo prædixerat per Isaiam : Secretum meum : secretum meum mihi. — Isaï, XXIV. — Aperit mihi lancea, etc. » *Pierre de Blois*. Sermo XIX, de eadem Cœna Domini. P. l., CCVII, 618.

Ipse Christus propter te, cor suum dedit in Cruce. Unde ad hoc voluit latus suum aperiri. — Eccl., XXXVIII : « Cor suum dabit in consummationem operum. » *S. Antoine de Padoue*. De pluribus aut uno Apostolo. Sermo III. Opera, p. 422, édit. Paris, 1641.

Duo altaria abluenda sunt, quia duo in Christo consideranda sunt : amor in Corde, dolor in corpore.... altare aureum est *caritas in Corde Christi*... altare æneum holocausti exterius, est dolor et angustia ipsius corporis. » *Idem*. Opera, *op. cit.*, 418. De multiplici Cœna Domini.

« Tres sunt qui testimonium dant in terra : Spiritus, aqua et sanguis. Spiritus quem mittit de corpore ; aqua quæ fluxit de latere ; et sanguis quem effudit de Corde : testes sunt dilectionis maximæ. » *S. Thomas d'Aquin*. Opusculum LI. De Sacramento Altaris, c. XXVII, t. XXVIII, 232. Edit. Vivès.

Christus fudit sanguinem de vulnere lateris et Cordis, ut discipulos in fide dubios, et alios multos in fide et bonæ vitæ stabilitate tentatos, et ideo frigidos et quasi mortuos, calefaceret et vivificaret, et, revivificatis illo sanguine, iter cœleste significaret, ut post ipsum ruentes, currerent. De primo, Joan. : unus militum lancea latus ejus aperuit, et continuo exivit sanguis et aqua. » Ps. CI : « Similis factus sum pellicano solitudinis... » Sic Christus, frigidis in fide, et peccatis mortuis, *subvenit sanguine Cordis*... Quasi vivificatis, instar feræ vulneratæ, iter cœleste, suo sanguine significat, et sequendum demonstrat... Cant., VIII, 14 : « Fuge dilecte mi etc. », quasi diceret : curre coram nobis, ut fera *Corde vulnerata*, et sanguine tuo cœlestem semitam nobis ostende,... etc. » *Idem*, *op. cit.*, c. XXVIII, 234.

J'omets les textes du docteur séraphique, malgré leur richesse, leur force et leur beauté. Ils constituent la neuvième leçon de l'office commun du Sacré

Cœur de Jésus et les trois leçons du second nocturne de ce même office. Ces trois dernières leçons, en effet, ne sont pas de S. Bernard mais elles ont été prises dans l'opuscule de S. Bonaventure dont le vrai titre est : *Vitis mystica.*

Tu vero si recte converti velis, adspice tuum sponsum, omnis mundi Dominum... attolle oculos, et in cruce pendentem considera, alto deputatum supplicio, ante omnium oculos sanguine profluentem. Cujus habitus cor tuum tibi devinciat : ejus oculi lacrimis suffusi, Cor dulce amore effluens ; vocem vero auscultare, te Dei amorem bene docebit ; necnon malleorum strepitum et ictum, qui illum manibus pedibusque cruci affigunt. Item recordare vulnus lanceæ quæ per latus ad intima Cordis pertransiit... — *Sœur Mechtilde*, de Magdebourg. Lux divinitatis, c. XXVII, 671, op. cit.

Et nunc, o mi dilecte, in illo prævalente amore, in quo tu ad dexteram Patris residens in mea carne, tibimetipsi in manibus et pedibus, simul et in Corde tuo dulcissimo inscriptam reservas me, ut in æternum non obliviscaris animæ meæ, quam redemisti tam care, Deus meus misericordia mea, persolve jam pro me tibimetipsi, pro omnibus bonis quæ fecisti, facis, et facturus es mihi, laudes æternas, immensas et incommutabiles, quales tu potes, et in teipso prævales, et scis congruere reverentissimæ gloriæ tuæ, et honori majestatis tuæ, prorumpe pro me, Jesu mi care, in vocem talis ac tantæ gratiarum actionis, qualis te decet, Domine mi, valde magne et mirabilis : laudans te in te, in me, et pro me, etc. » S[e] *Gertrude*, op. cit., II. Exercitia spirit., VI, gratiarum actio., 680.

Deinde visum est ei (sanctæ Mechtildi) quod omnibus accedentibus, Dominus præberet bibere de... (fonte) Cordis sui, simul dicens : Bibite et inebriamini carissimi. (Cant., v., 1.) Dehinc omnes ordines Sanctorum accedentes cum justa reverentia bibebant. Quo facto, Dominus ait : « Omnes qui bibunt de Corde meo, eorum corda ego bibam. » S[e] *Mechtilde de Hackeborn.* « Liber specialis gratiæ. » Pars quarta, c. I, op. cit., II, 258.

B. V. Maria, præcepit (S[æ] Mechtildi) dicens : « Accede et tu, et saluta vulnus dilectissimi Cordis Filimei, quod pertulit omnia corporis sui vulnera. » *Ibid.*, c. v, 262.

Quant à ces trois admirables religieuses bénédictines du monastère d'Helfta, les saintes Mechtilde, Gertrude, et la sœur Mechtilde, c'est par centaines que nous aurions pu citer leurs témoignages. Nous avons jugé inutile de le faire, le doute étant impossible sur ce point.

Sanguinem qui remansit in Corde vel in membris interioribus effudit (Christus) in lateris apertione. Surge ergo amica Christi,... ibi os appone ut haurias aquas de fontibus Salvatoris. Hic enim est fons egrediens de medio paradisi... » *Ludolphe le Chartreux*. Vita Christi, pars 2[æ], c, 64. p. 343.

Miles accepit lanceam suam et infixit eam in Corde Christi... Hoc vulnus secundum Alexand. de Ales, non fuit Christo inflictum in ea parte, in qua pingi solet, sed inferius inter mollitiem carneam et inter ossa pectoralia et femoralia : et sic sursum ascendit ad Cor... Quare vero sic depingitur ? dicendum : quod pictura est laicorum scriptura : ideo ut expressius laicis pateat, quod lancea Cor Christi penetraverit : in signum, quod ex Corde dimissa est nobis culpa per suam mortem. » *S. Vincent Ferrier*, Sermo in die Parasceves.

« Vim faciebant qui quærebant animam meam », id est, vitam tollere. In quibus existimatum est vitam hominis consistere, fecerunt maximam vim ; nam cum aliqui dicant, vitam reperiri in capite, alii in corde, alii in sanguine : in omnibus illis locis fecerunt maximam vim : in capite per coronam spineam ; in Corde per apertionem lateris... Remanserant sola lingua et Cor integra. Sed et ne illa sine sua læsione manerent, lingua ejus aceto et felle... Demum eo mortuo, latus ejus lancea apertum est. » *S. Antonin*, archev. de Florence. Opera, pars 4, tit, 15, c. 41. De doloribus B. V. M. in pass. Filii.

Nous terminerons ici ces citations.

Désormais la source est suffisamment explorée, le

paysage au milieu duquel jaillissent ses ondes bienfaisantes est d'une trop ineffable beauté ; son universelle efficacité est trop connue, pour qu'elle ne devienne toujours davantage la *suprême espérance* de ceux dont la résurrection à la vie surnaturelle est le plus désespérée, en même temps que *le secret* de la force invincible dans la douceur et l'humilité, et du bonheur de tous ceux qui vont s'y désaltérer. C'est, en effet, de cette source de toutes les grâces, ou, pour parler sans figures, c'est du Sacré Cœur de Notre-Seigneur Jésus-Christ que Léon XIII dira : « Aujourd'hui un symbole divin, présage très heureux, apparaît à nos yeux, c'est le Cœur très Sacré de Jésus, surmonté de la Croix et resplendissant d'un éclat incomparable au milieu des flammes.

« Nous devons placer en lui toutes nos espérances ; c'est à lui que nous devons demander le salut des hommes, et c'est de lui qu'il faut l'espérer. » — Léon XIII Encyclique. « *Annum sacrum* ».

PRATIQUES

EN L'HONNEUR DU SACRÉ CŒUR

La première consécration au Sacré-Cœur de Jésus composée par la B. Marguerite-Marie.

Je N. N. me donne et consacre au Sacré Cœur de Notre-Seigneur Jésus-Christ, ma personne et ma vie, mes actions, peines et souffrances, pour ne plus vouloir me servir d'aucune partie de mon être que pour l'honorer, aimer et glorifier.

C'est ici ma volonté irrévocable que d'être toute à Lui et faire tout pour son amour, en renonçant de tout mon cœur à tout ce qui Lui pourrait déplaire.

Je vous prends donc, ô Sacré Cœur, pour l'unique objet de mon amour, le protecteur de ma vie, l'assurance de mon salut, le remède de ma fragilité et de mon inconstance, le réparateur de tous les défauts de ma vie, et mon asile assuré à l'heure de ma mort.

Soyez donc, ô Cœur de bonté ! ma justification envers Dieu le Père, et détournez de moi les traits de sa juste colère. O Cœur d'amour ! je mets toute ma confiance en vous, car je crains tout de ma malice et de ma faiblesse, mais j'espère tout de votre bonté.

Consommez donc en moi tout ce qui vous peut déplaire ou résister ! que votre pur amour vous imprime si avant dans mon cœur que jamais je ne vous puisse oublier, ni être séparée de vous que je conjure par toutes vos bontés, que mon nom soit écrit en vous, puisque je veux faire consister tout mon bonheur et toute ma gloire à vivre et à mourir en qualité de votre esclave.

Litanies du Sacré-Cœur de Jésus.

Seigneur, ayez pitié de nous.
Jésus-Christ, ayez pitié de nous.
Seigneur, ayez pitié de nous.
Jésus-Christ écoutez-nous.
Jésus-Christ, exaucez-nous.
Père céleste, qui êtes Dieu, ayez pitié de nous.
Dieu le Fils, Rédempteur du monde, ayez pitié de nous.
Esprit-Saint qui êtes Dieu, ayez pitié de nous.
Sainte Trinité qui êtes un seul Dieu, ayez pitié de nous.

1. Cœur de Jésus, Fils du Père éternel, ayez pitié de nous.
2. Cœur de Jésus, formé par le Saint-Esprit dans le sein de la Vierge-Mère, ayez pitié de nous.
3. Cœur de Jésus, uni substantiellement au Verbe de Dieu, ayez pitié de nous.
4. Cœur de Jésus, Majesté infinie, ayez pitié de nous.
5. Cœur de Jésus, temple saint du Seigneur, ayez pitié de nous.
6. Cœur de Jésus, tabernacle du Très-Haut, ayez pitié de nous.
7. Cœur de Jésus, maison de Dieu et porte du ciel, ayez pitié de nous.
8. Cœur de Jésus, fournaise ardente de charité, ayez pitié de nous.
9. Cœur de Jésus, sanctuaire de la justice et de l'amour, ayez pitié de nous.
10. Cœur de Jésus, plein d'amour et de bonté, ayez pitié de nous.
11. Cœur de Jésus, abîme de toutes les vertus, ayez pitié de nous.
12. Cœur de Jésus, très digne de toutes louanges, ayez pitié de nous.
13. Cœur de Jésus, roi et centre de tous les cœurs, ayez pitié de nous.
14. Cœur de Jésus, dans lequel sont tous les trésors de la sagesse et de la science, ayez pitié de nous.

15. Cœur de Jésus, dans lequel réside toute la plénitude de la divinité, ayez pitié de nous.

16. Cœur de Jésus, objet des complaisances du Père céleste, ayez pitié de nous.

17. Cœur de Jésus, dont la plénitude se répand sur nous, ayez pitié de nous.

18. Cœur de Jésus, le Désiré des collines éternelles, ayez pitié de nous.

19. Cœur de Jésus, patient et très miséricordieux, ayez pitié de nous.

20. Cœur de Jésus, libéral pour tous ceux qui vous invoquent, ayez pitié de nous.

21. Cœur de Jésus, source de vie et de sainteté, ayez pitié de nous.

22. Cœur de Jésus, propitiation pour nos péchés, ayez pitié de nous.

23. Cœur de Jésus, rassasié d'opprobres, ayez pitié de nous.

24. Cœur de Jésus, broyé à cause de nos péchés, ayez pitié de nous.

25. Cœur de Jésus, obéissant jusqu'à la mort, ayez pitié de nous.

26. Cœur de Jésus, percé par la lance, ayez pitié de nous.

27. Cœur de Jésus, source de toute consolation, ayez pitié de nous.

28. Cœur de Jésus, notre vie et notre résurrection, ayez pitié de nous.

29. Cœur de Jésus, notre paix et notre réconciliation, ayez pitié de nous.

30. Cœur de Jésus, victime des pécheurs, ayez pitié de nous.

31. Cœur de Jésus, salut de ceux qui espèrent en vous, ayez pitié de nous.

32. Cœur de Jésus, espérance de ceux qui meurent dans votre amour, ayez pitié de nous.

33. Cœur de Jésus, délices de tous les saints, ayez pitié de nous.

Agneau de Dieu, qui effacez les péchés du monde, pardonnez-nous, Seigneur.

Agneau de Dieu, qui effacez les péchés du monde, exaucez-nous, Seigneur.

Agneau de Dieu, qui effacez les péchés du monde, ayez pitié de nous.

℣. Jésus, doux et humble de cœur,

℟. Rendez mon cœur semblable au vôtre.

ORAISON

Dieu tout-puissant et éternel, regardez le Cœur de votre fils bien-aimé ; soyez attentif aux louanges et aux satisfactions qu'il vous rend au nom des pécheurs. Apaisé par ces divins hommages, pardonnez à ceux qui implorent votre miséricorde au nom de ce même Jésus-Christ, votre Fils, qui vit et règne avec vous, en l'unité du Saint-Esprit, dans les siècles des siècles.

Ainsi soit-il.

Ces litanies sont approuvées pour l'Eglise universelle, par décret pontifical en date du 2 avril 1899 et enrichies de 300 jours d'indulgences.

Acte de réparation et d'amende honorable.

O mon Dieu et tout aimable Rédempteur, me voici prosterné et anéanti devant vous, pour vous faire amende honorable, aux yeux du ciel et de la terre, pour toutes les irrévérences et les outrages que vous avez reçus sur vos autels depuis l'institution de l'adorable Sacrement. C'est avec un cœur humilié et brisé de douleur que je vous demande mille et mille fois pardon de toutes ces indignités. Que ne puis-je, ô mon Dieu, arroser de mes larmes et laver de mon sang tous les lieux où votre Sacré-Cœur a été horriblement outragé et ou les marques de votre divin amour ont été reçues avec un mépris si étrange!... Que ne puis-je pour un moment être le maître du cœur des hommes, pour réparer en quelque manière, par le sacrifice que je vous en ferais, l'oubli et l'insensibilité de ceux qui n'ont pas voulu vous connaître, ou qui, vous ayant connu, vous ont si peu aimé!... Que ne suis-je une victime digne de vous pour réparer tant d'injures ! Pardonnez-moi tant d'iniquités et d'irrévérences commises, et rendez efficaces, par votre grâce, la volonté que j'ai et la résolution que je fais de ne rien oublier pour aimer ardemment et pour honorer, par toutes les voies possibles, mon Souverain, mon Sauveur et mon Juge. (*Vén. Marguerite-Marie.*)

Formule prescrite par Sa Sainteté Léon XIII pour la Consécration du Genre humain au Sacré Cœur de Jésus le 11 juin 1889.

Très doux Jésus, Rédempteur du genre humain, jetez un regard favorable sur nous, qui très humblement sommes prosternés au pied de votre autel. Nous sommes et nous voulons être vôtres, mais pour que nous puissions vous être unis par des liens plus solides voici qu'en ce jour chacun de nous se consacre spontanément à votre Sacré Cœur.

Beaucoup d'hommes ne vous ont jamais connu, beaucoup vous ont méprisé en transgressant vos commandements ; ayez pitié des uns et des autres, ô très bon Jésus, et entraînez-les tous vers votre saint Cœur. Soyez, ô Seigneur, le roi non seulement des fidèles qui ne se sont jamais éloignés de vous, mais aussi des enfants prodigues qui vous abandonnèrent. Faites que ceux-ci regagnent vite la maison paternelle pour ne pas périr de misère et de faim.

Soyez le roi de ceux que des opinions erronées ont trompés ou qu'un désaccord a séparés de l'Eglise ; ramenez-les au port de la vérité et à l'unité de la foi, afin qu'il n'y ait bientôt qu'un troupeau et qu'un pasteur.

Soyez enfin le roi de tous ceux qui sont plongés dans les antiques superstitions des gentils et ne refusez pas de les arracher anx ténèbres pour les ramener dans la lumière et le royaume de Dieu. Donnez, Seigneur, à votre Eglise, le salut, le calme et la liberté. Accordez à toutes les nations l'ordre et la paix, et faites que, d'une extrémité à l'autre de la terre, résonne une seule parole : Louange au divin Cœur qui nous a donné le salut ; à lui soit honneur et gloire dans tous les siècles. Ainsi soit-il.

Consécration de la France et Prière du Vœu national.

Nous venons à vous, Cœur Sacré de Jésus, après nos défaillances et nos malheurs ; ouvrez pour nous les trésors de votre charité infinie. Le sang qui a coulé de votre blessure a racheté le monde ; qu'une goutte de ce sang divin, par sa toute-puissance expiatrice, rachète encore une fois cette France que vous avez aimée et qui, revenant de ses longues erreurs, veut rentrer dans sa vocation chrétienne. Oubliez nos iniquités pour ne vous souvenir que des saintes œuvres de nos pères, et laissez couler sur nous les flots de votre miséricorde. Que le temple élevé par nos mains devienne pour nous comme une citadelle inexpugnable qui protégera Paris et notre patrie. Cœur adorable de notre Dieu, la nation française vous implore : rendez-lui votre amour, bénissez-la, sauvez-la. Amen.

BIBLIOTHÈQUE NATIONALE R.F. IMPRIMÉS

TABLE DES MATIÈRES

R.F.

Imp. M.-R. Leroy, 185, rue de Vanves, Paris.

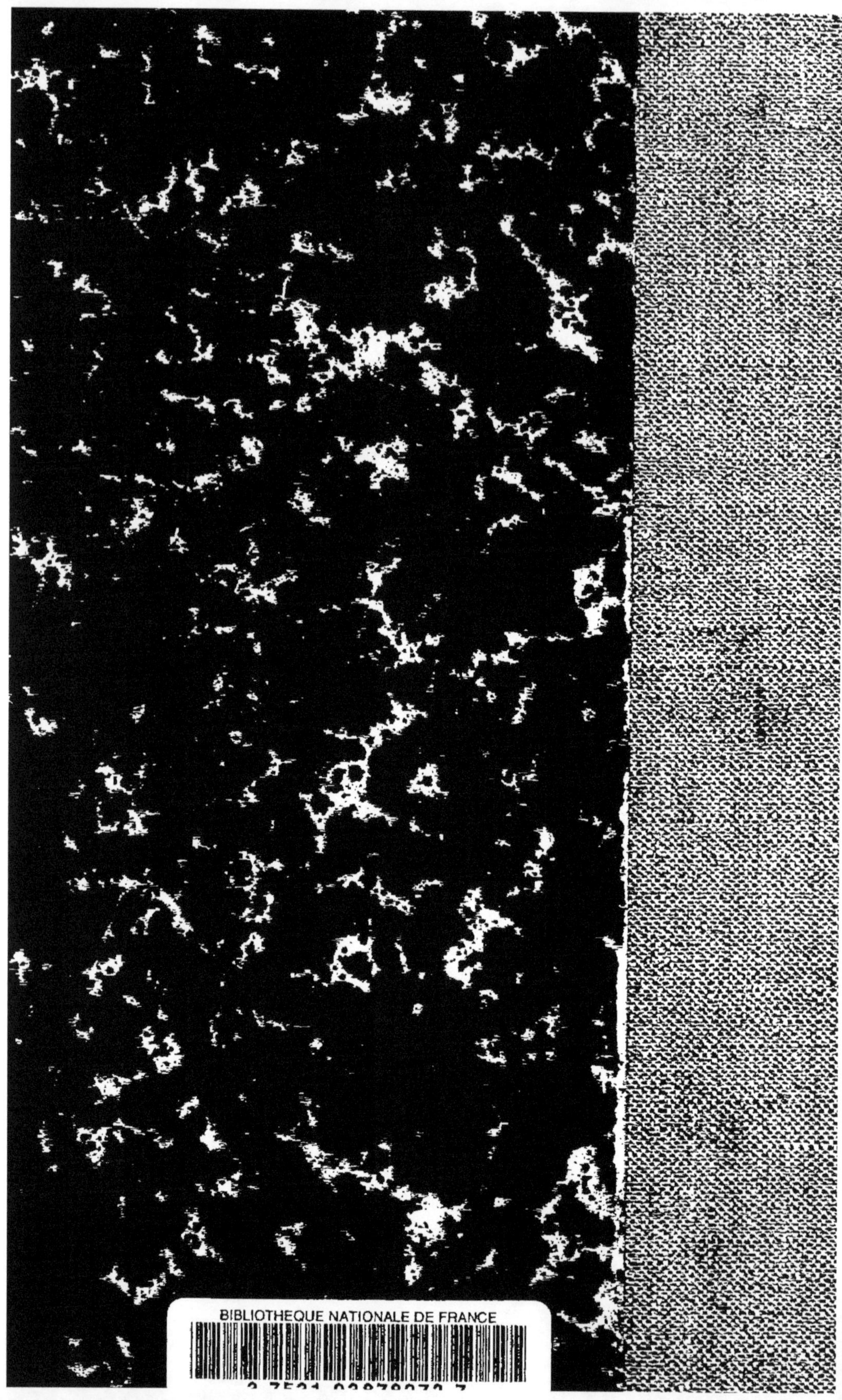
BIBLIOTHEQUE NATIONALE DE FRANCE

www.ingramcontent.com/pod-product-compliance
Ingram Content Group UK Ltd.
Pitfield, Milton Keynes, MK11 3LW, UK
UKHW012215240726
13966UKWH00003B/760

9 782012 859791